Kohlhammer

Die Herausgeberinnen

Prof. Dr. Katja Mackowiak leitet die Abteilung Sonderpädagogische Psychologie des Instituts für Sonderpädagogik der Leibniz Universität Hannover. Forschungsschwerpunkte sind die Analyse und Gestaltung von Entwicklungs- und Bildungsprozessen im Elementarbereich sowie die Professionalisierung von pädagogischen Fachkräften in Kitas.
© Roland Schneider/Bilderraum Fotostudio

Dr. Heike Wadepohl ist akademische Rätin in der Abteilung Sonderpädagogische Psychologie des Instituts für Sonderpädagogik der Leibniz Universität Hannover. Sie forscht u. a. zu Aspekten pädagogischer Qualität in Kindertageseinrichtungen und damit verbundenen Professionalisierungsprozessen in der Aus- und Weiterbildung frühpädagogischer Fachkräfte sowie zu Entwicklungs- und Bildungsverläufen von Kindern in den ersten Lebensjahren.

Dr. Christine Beckerle ist wissenschaftliche Mitarbeiterin in der Abteilung Sonderpädagogische Psychologie des Instituts für Sonderpädagogik der Leibniz Universität Hannover. Ihr Forschungsschwerpunkt liegt auf der Qualität von alltagsintegrierter Sprachförderung in Kita und Grundschule (u. a. adaptive alltagsintegrierte Sprachförderung, Sprachförderkompetenz von Pädagog*innen, Evaluation von Weiterqualifizierungen).
© Roland Schneider/Bilderraum Fotostudio

Katja Mackowiak,
Heike Wadepohl,
Christine Beckerle (Hrsg.)

Interaktionen im Kita-Alltag gestalten

Grundlagen und
Anregungen für die Praxis

Verlag W. Kohlhammer

Dieses Werk einschließlich aller seiner Teile ist urheberrechtlich geschützt. Jede Verwendung außerhalb der engen Grenzen des Urheberrechts ist ohne Zustimmung des Verlags unzulässig und strafbar. Das gilt insbesondere für Vervielfältigungen, Übersetzungen, Mikroverfilmungen und für die Einspeicherung und Verarbeitung in elektronischen Systemen.

Die Wiedergabe von Warenbezeichnungen, Handelsnamen und sonstigen Kennzeichen in diesem Buch berechtigt nicht zu der Annahme, dass diese von jedermann frei benutzt werden dürfen. Vielmehr kann es sich auch dann um eingetragene Warenzeichen oder sonstige geschützte Kennzeichen handeln, wenn sie nicht eigens als solche gekennzeichnet sind.

Es konnten nicht alle Rechtsinhaber von Abbildungen ermittelt werden. Sollte dem Verlag gegenüber der Nachweis der Rechtsinhaberschaft geführt werden, wird das branchenübliche Honorar nachträglich gezahlt.

Dieses Werk enthält Hinweise/Links zu externen Websites Dritter, auf deren Inhalt der Verlag keinen Einfluss hat und die der Haftung der jeweiligen Seitenanbieter oder -betreiber unterliegen. Zum Zeitpunkt der Verlinkung wurden die externen Websites auf mögliche Rechtsverstöße überprüft und dabei keine Rechtsverletzung festgestellt. Ohne konkrete Hinweise auf eine solche Rechtsverletzung ist eine permanente inhaltliche Kontrolle der verlinkten Seiten nicht zumutbar. Sollten jedoch Rechtsverletzungen bekannt werden, werden die betroffenen externen Links soweit möglich unverzüglich entfernt.

1. Auflage 2021

Alle Rechte vorbehalten
© W. Kohlhammer GmbH, Stuttgart
Gesamtherstellung: W. Kohlhammer GmbH, Stuttgart

Print:
ISBN 978-3-17-034274-3

E-Book-Formate:
pdf: ISBN 978-3-17-034275-0
epub: ISBN 978-3-17-034276-7

Vorwort

Die Gestaltung von Fachkraft-Kind-Interaktionen in Kindertageseinrichtungen (Kitas) hat sich in den letzten Jahren zu einem eigenständigen und zentralen Forschungsfeld in der Frühpädagogik entwickelt. Hierzu haben viele (inter-)nationale Befunde beigetragen, die den Einfluss pädagogischer (Interaktions-)Qualität auf kindliche Entwicklungsmaße eindrücklich belegen. Dieses Thema bildet auch einen Schwerpunkt in unserer Forschung; dabei ist von besonderem Interesse, wie es pädagogischen Fachkräften im Kita-Alltag gelingt, kindliche Entwicklungs- und Bildungsprozesse in Interaktionen anzuregen, und wie die professionellen Kompetenzen der Fachkräfte im Hinblick auf eine qualitativ hochwertige Interaktionsgestaltung weiterentwickelt werden können.

In diesem Herausgeberband bringen wir interdisziplinäre Beiträge zur Gestaltung entwicklungsförderlicher Fachkraft-Kind-Interaktionen im Kita-Alltag zusammen. Inhaltlich werden in diesem Band ausgewählte Facetten der Interaktionsgestaltung aus (inklusions-)pädagogischer, (entwicklungs-)psychologischer und domänenspezifischer Perspektive vorgestellt, welche die Arbeitsschwerpunkte der beteiligten Kolleg*innen aus drei Abteilungen des Instituts für Sonderpädagogik der Leibniz Universität Hannover sowie des Instituts für Epidemiologie, Sozialmedizin und Gesundheitssystemforschung der Medizinischen Hochschule Hannover bilden.

Das Buch richtet sich primär an Studierende und Dozierende frühpädagogischer Studiengänge, ist aber auch für andere interessierte Wissenschaftler*innen und pädagogische Professionen in der Aus- und Weiterbildung geeignet. Es zielt darauf ab, konkrete Impulse für die frühpädagogische Praxis zu geben und auf diese Weise Fachkraft-Kind-Interaktionen im Kita-Alltag anregungsreich und entwicklungsförderlich zu gestalten und zu reflektieren.

Wir danken allen beteiligten Kolleg*innen für die Mitarbeit an diesem Buch sowie unserer studentischen Hilfskraft Rosalie Schlegel für die Unterstützung bei der formalen Gestaltung. Bedanken möchten wir uns auch beim Kohlhammer-Verlag für die Möglichkeit der Publikation und insbesondere bei Klaus-Peter Burkarth, Hanna Mehdorn, Alexa Strittmatter und Ruth Deligiannidou für die Begleitung von Verlagsseite.

Hannover, im Juli 2021
Katja Mackowiak, Heike Wadepohl & Christine Beckerle

Inhaltsverzeichnis

Vorwort		5

1	Entwicklungsförderliche Fachkraft-Kind-Interaktionen in Kindertageseinrichtungen: Einführung in den Themenschwerpunkt	11

Katja Mackowiak, Christine Beckerle & Heike Wadepohl
Literatur   18

2	Gestaltung von Fachkraft-Kind-Beziehungen	21

Heike Wadepohl & Susanne Böckmann
2.1 Relevanz des Themas und Zielsetzung   21
2.2 Zentrale Konzepte   23
2.3 Möglichkeiten der Umsetzung im Kita-Alltag   32
Literatur   38

3	Unterstützung kindlicher Lernprozesse durch kognitiv anregende Interaktionen im Kita-Alltag	43

Katja Mackowiak, Matthias Mai, Lisa Keller, Theresa Johannsen, Stefani Linck & Cathleen Bethke
3.1 Relevanz des Themas und Zielsetzung   43
3.2 Zentrale Konzepte   45
3.3 Möglichkeiten der Umsetzung im Kita-Alltag   49
Literatur   57

4	**Kindliche Interessen im Fokus der Fachkraft-Kind-Interaktion**	**63**
	Michael Lichtblau	
4.1	Relevanz des Themas und Zielsetzung	63
4.2	Zentrale Konzepte	65
4.3	Möglichkeiten der Umsetzung im Kita-Alltag	70
	Literatur	81

5	**Adaptive sprachförderliche Interaktionen im Kita-Alltag**	**85**
	Christine Beckerle, Stefani Linck & Kim Sophie Bernecker	
5.1	Relevanz des Themas und Zielsetzung	85
5.2	Zentrale Konzepte	87
5.3	Möglichkeiten der Umsetzung im Kita-Alltag	94
	Literatur	105

6	**Gemeinsam die Welt erkunden und befragen – Domänenspezifische Interaktionsgestaltung am Beispiel des naturwissenschaftsbezogenen Lernens im Kita-Alltag**	**108**
	Claudia Schomaker & Kathrin Hormann	
6.1	Relevanz des Themas und Zielsetzung	108
6.2	Zentrale Konzepte	110
6.3	Möglichkeiten der Umsetzung im Kita-Alltag	118
	Literatur	126

7	**Gesundheitsförderliche Interaktionsgestaltung im Kita-Alltag**	**130**
	Nicole R. Heinze, Julia Feesche, Antje Kula & Ulla Walter	
7.1	Relevanz des Themas und Zielsetzung	130
7.2	Zentrale Konzepte	132
7.3	Möglichkeiten der Umsetzung im Kita Alltag	139
	Literatur	146

8	**Lernwerkstattarbeit: Interaktionsgestaltung im Rahmen einer Lernwerkstatt**	**150**
	Kathrin Hormann	
8.1	Relevanz des Themas und Zielsetzung	150
8.2	Zentrale Konzepte	151
8.3	Möglichkeiten der Umsetzung im Kita-Alltag	160
	Literatur	169

9	**Eine inklusive Perspektive auf responsive Interaktionsgestaltung im Kontext alltagsintegrierter Unterstützung**	**173**
	Antje Rothe	
9.1	Relevanz des Themas und Zielsetzung	173
9.2	Zentrale Konzepte	174
9.3	Möglichkeiten der Umsetzung im Kita-Alltag	181
	Literatur	194

Zusatzmaterial	**196**

Autorenverzeichnis	**197**

1

Entwicklungsförderliche Fachkraft-Kind-Interaktionen in Kindertageseinrichtungen: Einführung in den Themenschwerpunkt

Katja Mackowiak, Christine Beckerle & Heike Wadepohl

In den letzten Jahren sind Kindertageseinrichtungen (Kitas) als *Ort der institutionellen Bildung* zunehmend in den Fokus gerückt. Politik, Gesellschaft und Wissenschaft betonen die Bedeutung frühpädagogischer Einrichtungen für die Entwicklung und das Lernen von Kindern; und auch internationale Forschungsbefunde belegen, dass vorschulische Bildungsinstitutionen kindliche Ent-

1 Entwicklungsförderliche Fachkraft-Kind-Interaktionen

wicklungs- und Bildungsprozesse langfristig positiv beeinflussen und somit die Bildungschancen von Kindern erhöhen können (zusammenfassend Anders, 2013). Als Konsequenz haben alle Bundesländer in Deutschland schon vor einigen Jahren Orientierungs-/Bildungspläne für den Elementarbereich entwickelt. In ihnen werden »gesellschaftlich relevante Bildungsvorstellungen, Bildungsziele und Erwartungen an die pädagogische Arbeit mit Kindern im Vorschulalter« (Papke, 2010, n. d.) trägerübergreifend benannt und in Bezug auf die verschiedenen Entwicklungs-/Bildungsbereiche konkretisiert.

Bei der Umsetzung dieses Bildungsauftrags spielt die *Qualität* der Kita eine große Rolle. Qualität wird dabei als mehrdimensionales Konstrukt verstanden und beinhaltet strukturelle Merkmale (*Strukturqualität*, z. B. Gruppengröße, Ausbildungshintergrund des Personals), berufsbezogene Einstellungen und Überzeugungen des pädagogischen Personals (*Orientierungsqualität*, z. B. Bildungs- oder Inklusionsverständnis) und die konkrete Gestaltung des Kita-Alltags (*Prozessqualität*, insbesondere Interaktionen der Kinder mit ihrer sozialen und materiellen Umwelt) (Kluczniok & Roßbach, 2014; Kuger & Kluczniok, 2008). Während die Struktur- und Orientierungsqualität eher indirekt über die pädagogischen Prozesse wirken, scheint die Prozessqualität einen unmittelbaren Einfluss auf die kindliche Entwicklung zu haben (Tietze et al., 2012) und wird daher oft auch als »Zentralbereich pädagogischer Qualität« (Tietze, 1998, S. 225) bezeichnet. Von einer hohen Prozessqualität in Kitas kann dann gesprochen werden, wenn Kinder im Kita-Alltag eine sichere, wertschätzende und gesundheitsförderliche Betreuung sowie ein positives, anregungsreiches Interaktionsklima in der Gruppe erleben und wenn sie angemessen, d. h. passgenau zu ihren Kompetenzen und Interessen in allen relevanten Entwicklungs-/Bildungsbereichen gefördert werden (Fuchs-Rechlin & Smidt, 2015).

Die *Gestaltung pädagogischer Prozesse* liegt in der Verantwortung der frühpädagogischen Fachkräfte, weshalb ihr Handeln besonders in den Blick genommen wird. Fachkraft-Kind-Interaktionen lassen sich im Kita-Alltag nahezu ständig beobachten; relevant ist aber nicht nur, *dass* sie stattfinden, sondern *wie* sie gestaltet werden, um Kinder in ihrer Entwicklung und in ihren Lernprozessen zu unterstützen. Zur Beschreibung der *Qualität von Fachkraft-Kind-Interaktionen* in pädagogischen Kontexten werden häufig drei Facetten herangezogen (Hamre et al., 2013; Suchodoletz et al., 2014; vgl. auch Klieme, Lipowsky, Rakoczy & Ratzka, 2006): Die erste thematisiert die *Beziehungsgestaltung* und emotionale Unterstützung der Kinder und bestimmt neben der dyadischen Beziehung bzw. Bindung zwischen Fachkraft und Kind maßgeblich die Atmosphäre in der Lerngruppe. Die *Organisation des Kita-Alltags* und die Gestaltung des Settings als zweite Facette bilden den Rahmen für ungestörte und produktive Bildungsprozesse der Kinder. Die dritte Facette, die *Lernunterstützung*, fokussiert auf die konkrete Umsetzung einer entwicklungsangemessenen (adaptiven) Förderung der Kinder in der ›Zone der nächsten Entwicklung‹ (Vygotsky, 2002).

Insbesondere das adaptive, d. h. eng an den kindlichen Lernvoraussetzungen, Interessen und Bedürfnissen orientierte Handeln wird aktuell als zentrale Gelingensbedingung frühpädagogischer Förderung angesehen (Hardy, Decristan & Klieme, 2019). Es setzt ein enges Wechselspiel von *Diagnostik und Förderung* voraus. Interindividuelle Unterschiede zwischen Kindern, die sich beispielweise durch das Geschlecht, die Sprache, die Kultur, den familiären Hintergrund sowie durch spezifische Kompetenzen, Beeinträchtigungen und Interessen in bestimmten Entwicklungs-/Bildungsbereichen ergeben, müssen kontinuierlich beobachtet, analysiert und dann in der konkreten Situation berücksichtigt werden, um die Förderung an die individuellen Voraussetzungen der Kinder anpassen zu können. Außerdem ist in der konkreten Situation zu klären, welche Lernanlässe (Themen, Inhalte, Rahmenbedingungen) vorliegen: Ist das Kind an einem Gespräch über ein erlebtes oder anstehendes Ereignis interessiert oder steht eher ein spezifisches Bildungsthema im Vordergrund, können kreative bzw. ästhetische Prozesse unterstützt oder die Beziehung zum Kind gestärkt werden? Je nach kindlichen Voraussetzungen, Lernanlass und Zielsetzung der Fachkraft sind auf der Basis dieser Beobachtungen und

Analysen lernunterstützende Interaktionen im Kita-Alltag zu planen und adaptiv zu gestalten. Ein solches Vorgehen hat den Vorteil, die heterogenen Ausgangslagen der Kinder in (inklusiven) Kitas berücksichtigen (Lichtblau, 2018) und die gleichberechtigte Teilhabe aller Kinder ermöglichen (Autorengruppe Bildungsberichterstattung, 2018) zu können.

Studien, die die Interaktionsqualität in Kitas im deutschsprachigen Raum untersuchen, kommen zu dem Schluss, dass frühpädagogischen Fachkräften die Beziehungsgestaltung und die Organisation des Alltags bereits gut gelingt, während die Qualität der Lernunterstützung – insbesondere in weniger strukturierten und nicht vorbereiteten Settings (z.B. Freispielbegleitung) – gering ausfällt (z.B. Beckerle & Mackowiak, 2019a; Kammermeyer, Roux & Stuck, 2013; König, 2009; Kucharz et al., 2014; Suchodoletz et al., 2014; Tietze, 2008; Tietze et al. 2012; Wadepohl & Mackowiak, 2016; Wildgruber, Wirts & Wertfein, 2014; vgl. auch Wadepohl, 2016). Insbesondere Fachkraft-Kind-Interaktionen, die kindliche Denk- und Problemlöseprozesse anregen, kommen im Kita-Alltag noch zu selten vor (z.B. Beckerle et al., 2018; Mackowiak et al., 2015). Im Hinblick auf die adaptive Lernunterstützung lassen sich für einzelne Bildungsbereiche zwar erste gute Ansätze finden, allerdings auch große individuelle Unterschiede zwischen den Fachkräften (z.B. Beckerle & Mackowiak, 2019b; Bruns & Eichen, 2015; Hormann & Skowronek, 2019). Insgesamt ist die Forschungslage hier noch nicht ausreichend, um belastbare Schlussfolgerungen zu ziehen (Hardy et al., 2019).

Diese Ergebnisse weisen darauf hin, dass eine qualitativ hochwertige Unterstützung kindlicher Entwicklungs- und Bildungsprozesse im Kita-Alltag eine *besondere Herausforderung* an die pädagogische Arbeit darstellt. Verständlich wird dies vor dem Hintergrund, dass pädagogische Situationen im Kita-Alltag »nicht standardisierbar sind, jedoch oft hochkomplex und mehrdeutig sowie vielfach schlecht vorhersehbar« (Fröhlich-Gildhoff, Nentwig-Gesemann & Pietsch, 2011, S. 17). Entsprechend sind frühpädagogische Fachkräfte stets gefordert, selbstorganisiert, kreativ und reflexiv zu handeln und neue Herausforderungen zu bewältigen (Nentwig-Gesemann, Fröhlich-Gildhoff & Pietsch, 2011). Hierzu ist eine Vielzahl an professionellen *Kompetenzen* erforderlich, die sich auf das Wissen, Können und Handeln (jeweils auch inhaltlich ausdifferenziert für verschiedene Entwicklungs-/Bildungsbereiche) sowie die berufsbezogene Reflexionsfähigkeit beziehen (Fröhlich-Gildhoff, Weltzien, Kirstein, Pietsch, & Rauh, 2014). Notwendig ist aber auch die grundlegende Bereitschaft, sich im Kita-Alltag immer wieder in Interaktionen mit Kindern zu begeben und mit ihnen gemeinsam Themen zu entwickeln und im Sinne einer forschenden Haltung (Nentwig-Gesemann, Fröhlich-Gildhoff, Harms & Richter, 2011) zu bearbeiten; damit verbunden ist ein Bildungsverständnis, welches die Bedeutung sozialer Auseinandersetzung für das Lernen hervorhebt (Ko-Konstruktion; Fthenakis, 2009).

In diesem Herausgeberband werden in acht Kapiteln aus unterschiedlichen Perspektiven Impulse für die pädagogische Arbeit in Kitas geschaffen, denen folgende Merkmale gemeinsam sind: Im Zentrum stehen *Fachkraft-Kind-Interaktionen,* die unmittelbar *im Kita-Alltag* stattfinden (also nicht mit dem Einsatz bestimmter Programme oder Zusatzangebote verbunden sind, z. B. Hasselhorn & Kuger, 2014) und die *entwicklungs- und lernförderlich sowie adaptiv* gestaltet werden (sodass sie Kinder individuell in ihren Kompetenzen stärken).

Die einzelnen Kapitel des Herausgeberbandes zielen auf die Anregung bzw. (Weiter-)Entwicklung der professionellen Kompetenzen (angehender) frühpädagogischer Fachkräfte ab.

Hierzu ist ein Wissen um die *theoretischen Hintergründe* unabdingbar. Auf dieser Grundlage werden Möglichkeiten der *praktischen Umsetzung* anschaulich beschrieben, welche aus dem oben genannten Wechselspiel aus *Diagnostik und Förderung* bestehen. Praktische Beispiele und Fallvignetten, Materialien und Übungen erleichtern den Transfer auf den pädagogischen Alltag; Reflexionsfragen helfen zudem dabei, das eigene Handeln und das Bildungsverständnis immer wieder kritisch zu hinterfragen.

1 Entwicklungsförderliche Fachkraft-Kind-Interaktionen

Alle Beiträge sind wie folgt aufgebaut: Relevanz und Zielsetzung, theoretischer Hintergrund, Möglichkeiten der Umsetzung, welche sowohl diagnostische Schritte als auch konkrete Fördermaßnahmen beinhalten. Während in einigen Beiträgen Übungen und Materialien direkt im Text enthalten sind, arbeiten andere Beiträge mit einem zusätzlichen Online-Anhang.

In *Kapitel 2* erläutern *Wadepohl und Böckmann* die Relevanz qualitativ hochwertiger und professionell gestalteter Fachkraft-Kind-Beziehungen bzw. -Bindungen als Basis für kindliche Lern- und Entwicklungsprozesse. Auf der Grundlage der Bindungstheorie beschreiben sie die zentralen Facetten einer Fachkraft-Kind-Beziehung und geben einen Überblick, welche Faktoren die Qualität der Fachkraft-Kind-Beziehung beeinflussen können. Bzgl. der Förderung wird ein Fokus auf den Beziehungsaufbau während der Eingewöhnung gelegt, bevor im letzten Teil Anregungen zu einer sensitiv-responsiven Beziehungsgestaltung im Kita-Alltag gegeben werden.

Mackowiak, Mai, Keller, Johannsen, Linck und Bethke führen in *Kapitel 3* in die zentralen Konzepte einer lernunterstützenden Interaktionsgestaltung ein, die auch von Relevanz für die anderen Beiträge sind. Sie legen ihren Fokus auf die kognitive Aktivierung und beschreiben hierzu die beiden Ansätze des Scaffolding und Sustained Shared Thinking.

In *Kapitel 4* hebt *Lichtblau* die Bedeutung individueller Interessen von Kindern in lernunterstützenden Fachkraft-Kind-Interaktionen hervor. Neben der Unterscheidung zwischen situationalen und individuellen Interessen nimmt er eine inhaltliche Strukturierung kindlicher Interessen vor. Im Rahmen der Förderung liefert er Anregungen, wie kindliche Interessen erkannt und gefördert werden können. Dies gelingt sowohl über eine *direkte* als auch über eine *indirekte* inhaltliche Orientierung am individuellen Hauptinteresse des Kindes.

Beckerle, Linck und Bernecker beschreiben in *Kapitel 5* Aufgaben und notwendige Kompetenzen frühpädagogischer Fachkräfte im Hinblick auf eine adaptive und alltagsintegrierte Sprachförderung.

Sie stellen verschiedene Komponenten der Sprachförderdiagnostik vor und fokussieren hinsichtlich der alltagsintegrierten Sprachförderung einerseits das Sprachvorbild der Fachkraft, andererseits stellen sie eine Reihe von Sprachfördertechniken vor, die zum Erproben im Kita-Alltag einladen.

In *Kapitel 6* thematisieren *Schomaker und Hormann* die Frage, wie Fachkräfte mit Kindern über Naturphänomene nachdenken, die kindlichen Vorstellungen und Annahmen erfassen und zu einer vertieften Auseinandersetzung mit naturwissenschaftlichen Themen beitragen können. Dabei nutzen die Autorinnen konstruktive (Konzept-)Dialoge als eine Möglichkeit der Sichtbarmachung und (Weiter-)Entwicklung kindlicher, naturwissenschaftlicher Perspektiven.

In *Kapitel 7* stellen *Heinze, Feesche, Kula und Walter* am Beispiel der Ernährungsbildung die Bedeutung gesundheitsförderlicher Fachkraft-Kind-Interaktionen vor. Dabei nehmen sie zum einen die Rolle der Fachkraft als Mittelsperson und Vorbild in den Blick, zum anderen geben sie Anregungen zur alltagsintegrierten Einbindung von ernährungsbezogenen Themen.

Hormann beschäftigt sich in *Kapitel 8* mit der Arbeit in Lernwerkstätten in der Kita. Hierzu definiert sie die Begriffe der Lernwerkstatt und Lernwerkstattarbeit und stellt Besonderheiten der entwicklungsförderlichen Interaktionsgestaltung in dieser besonderen Lernumgebung heraus.

Auf die inklusionspädagogische Perspektive und die responsive Interaktionsgestaltung in heterogenen Lerngruppen geht *Rothe* in *Kapitel 9* ein. Nach einer Begriffsklärung von Inklusion und Heterogenität wird ein Fallbeispiel ausführlich dargestellt, um das Zusammenspiel von Diagnostik und Förderung bei der Interaktionsgestaltung in Bezug auf die Dimensionen der Akzeptanz, Partizipation und Leistung abzubilden.

1 Entwicklungsförderliche Fachkraft-Kind-Interaktionen

Literatur

Anders, Y. (2013). Stichwort: Auswirkungen frühkindlicher institutioneller Betreuung und Bildung. Zeitschrift für Erziehungswissenschaft, 16(2), 237–275.

Autorengruppe Bildungsberichterstattung (2018). Bildung in Deutschland 2018: ein indikatorengestützter Bericht mit einer Analyse zu Wirkungen und Erträgen von Bildung. Bielefeld: wbv Media. Verfügbar unter: https://doi.org/10.3278/6001820fw.

Beckerle, C. & Mackowiak, K. (2019a). Sprachförderliche Interaktionsgestaltung im Kita-Alltag: Der Einsatz von Sprachfördertechniken in unterschiedlich komplexen Situationen. Sprachförderung und Sprachtherapie, 2 (19), 108–113.

Beckerle, C. & Mackowiak, K. (2019b). Adaptivität von Sprachförderung im Kita-Alltag. Ein Vergleich des Sprachförderhandelns pädagogischer Fachkräfte bei Kindern mit Deutsch als Erst- und Zweitsprache und unterschiedlichen Sprachkompetenzen. Lernen und Lernstörungen, 8(3), 1–9.

Beckerle, C., Mackowiak, K., Koch, K., Löffler, C., Heil, J., Pauer, I. & von Dapper-Saalfels, T. (2018). Der Einsatz von Sprachfördertechniken in unterschiedlichen Settings im Kita-Alltag. Frühe Bildung, 7(4), 215–222.

Bruns, J. & Eichen, L. (2015). Adaptive Förderung zur Vorbereitung auf den Übergang vom Elementar- in den Primarbereich am Beispiel des Bereichs Mathematik. Frühe Bildung, 4(1), 11–16.

Fröhlich-Gildhoff, K., Nentwig-Gesemann, I. & Pietsch, S. (2011). Kompetenzorientierung in der Qualifizierung frühpädagogischer Fachkräfte (WiFF-Expertisen, Bd. 19). München: Deutsches Jugendinstitut.

Fröhlich-Gildhoff, K., Weltzien, D., Kirstein, N., Pietsch, S. & Rauh, K. (2014). Expertise: Kompetenzen früh-/kindheitspädagogischer Fachkräfte im Spannungsfeld von normativen Vorgaben und Praxis. Verfügbar unter: https://www.bmfsfj.de/blob/86378/67fa30384a1ee8ad097938cbb6c66363/14-expertise-kindheitspaedagogische-fachkraefte-data.pdf.

Fthenakis, W. E. (2009). Bildung neu definieren und hohe Bildungsqualität von Anfang an sichern. Betrifft Kinder, 9(3), 7–10.

Fuchs-Rechlin, K. & Smidt, W. (2015). Personalstruktur und Beschäftigungsbedingungen in Kindertageseinrichtungen. Frühe Bildung, 4(2), 63–70.

Hamre, B. K., Pianta, R. C., Downer, J. T., DeCoster, J., Mashburn, A. J. & Jones, S. M. et al. (2013). Teaching through interactions. Testing a developmental framework of teacher effectiveness in over 4,000 classrooms. The Elementary School Journal, 113(4), 461–487.

Hardy, I., Decristan, J. & Klieme, E. (2019). Adaptive teaching as a core construct of instruction. Journal for Educational Research Online, 11(2), 169–191.

Hasselhorn, M. & Kuger, S. (2014). Wirksamkeit schulrelevanter Förderung in Kindertagesstätten. Zeitschrift für Erziehungswissenschaft, 17(2), 299–314.

Hormann, O. & Skowronek, M. (2019). Wie adaptiv ist der Einsatz von Sprachlehrstrategien in KiTas? Ergebnisse einer Videoanalyse. Frühe Bildung, 8(4), 194–199.

Kammermeyer, G., Roux, S. & Stuck, A. (2013). »Was wirkt wie?«. Evaluation von Sprachfördermaßnahmen in Rheinland-Pfalz. Abschlussbericht. Verfügbar unter: https://kita.rlp.de/fileadmin/kita/01_Themen/03_Sprachbildung/Abschlussbericht.pdf.

Klieme, E., Lipowsky, F., Rakoczy, K. & Ratzka, N. (2006) Qualitätsdimensionen und Wirksamkeit im Mathematikunterricht: Theoretische Grundlagen und ausgewählte Ergebnisse des Projekts »Pythagoras«. In M. Prenzel & L. Allolio-Näcke (Hrsg.), Untersuchungen zur Bildungsqualität von Schule. Abschlussbericht des DFG-Schwerpunktprogramms (S. 127–146). Münster: Waxmann.

Kluczniok, K. & Roßbach, H.-G. (2014). Conceptions of educational quality for kindergartens. Zeitschrift für Erziehungswissenschaft, 17(6), 145–158.

König, A. (2009). Interaktionsprozesse zwischen ErzieherInnen und Kindern. Eine Videostudie aus dem Kindergartenalltag. Wiesbaden: VS.

Kucharz, D., Mackowiak, K., Ziroli, S., Kauertz, A., Rathgeb-Schnierer, E. & Dieck, M. (Hrsg.) (2014). Professionelles Handeln im Elementarbereich (PRIMEL). Eine deutsch-schweizerische Videostudie. Münster: Waxmann.

Kuger, S. & Kluczniok, K. (2008). Prozessqualität im Kindergarten – Konzept, Umsetzung und Befunde. Zeitschrift für Erziehungswissenschaft, 10(11), 159–178.

Lichtblau, M. (2018). Integrative Kindertageseinrichtung – inklusive Kindertageseinrichtung – eine Bestandsaufnahme im Jahr 2017. In M. Rißmann (Hrsg.), Didaktik der Kindheitspädagogik (Kita-Pädagogik, Bd. 3, S. 66–90). Köln: Carl Link.

Mackowiak, K., Kucharz, D., Ziroli, S., Wadepohl, H., Billmeier, U. & Bosshart, S. (2015). Anregung kindlicher Lernprozesse durch pädagogische Fachkräfte in Deutschland und der Schweiz im Freispiel und in Bildungsangeboten. In A. König, H. R. Leu & S. Viernickel (Hrsg.), Frühpädagogik im Aufbruch – Forschungsperspektiven auf Professionalisierung (S. 163–178). Weinheim: Juventa.

Nentwig-Gesemann, I., Fröhlich-Gildhoff, K., Harms, H. & Richter, S. (2011). Professionelle Haltung – Identität der Fachkraft für die Arbeit mit Kindern in den ersten drei Lebensjahren (WiFF Expertisen 24). München: Deutsches Jugendinstitut.

Nentwig-Gesemann, I., Fröhlich-Gildhoff, K. & Pietsch, S. (2011). Kompetenzentwicklung von FrühpädagogInnen in Aus- und Weiterbildung. Frühe Bildung, 0, 22–30.

Papke, B. (2010). Bildung und Bildungspläne in der Elementarpädagogik – Chancen für Inklusion. Zeitschrift für Inklusion, 4(3). Verfügbar unter https://www.inklusion-online.net/index.php/inklusion-online/article/view/122/122.

Tietze, W. (1998). Wie gut sind unsere Kindergärten? Eine Untersuchung zur pädagogischen Qualität in deutschen Kindergärten. Neuwied u. a.: Luchterhand.

Tietze, W. (2008). Qualitätssicherung im Elementarbereich [Themenheft]. Zeitschrift für Pädagogik, 53, 16–35.

Tietze, W., Becker-Stoll, F., Bensel, J., Eckhardt, A., Haug-Schnabel, G. & Kalicki, B. et al. (2012). NUBBEK – Nationale Untersuchung zur Bildung, Betreuung und Erziehung in der frühen Kindheit. Fragestellungen und Ergebnisse im Überblick. Verfügbar unter: www.nubbek.de/media/pdf/NUBBEK%20Broschuere.pdf.

von Suchodoletz, A., Fäsche, A., Gunzenhauser, C. & Hamre, B. K. (2014). A typical morning in preschool: Observations of teacher–child interactions in German preschools. Early Childhood Research Quarterly, 29(4), 509–519.

Vygotsky, L. S. (2002). Denken und Sprechen. Psychologische Untersuchungen. Weinheim: Beltz.

Wadepohl, H. (2016). Interaktionsgestaltung frühpädagogischer Fachkräfte in Kindertageseinrichtungen. Kumulative Dissertation. Leibniz Universität Hannover. Verfügbar unter https://edocs.tib.eu/files/e01dh17/876760140.pdf.

Wadepohl, H. & Mackowiak, K. (2016) Lernunterstützende Interaktionsgestaltung frühpädagogischer Fachkräfte in Kitas. In H. Wadepohl (Hrsg.), Interaktionsgestaltung frühpädagogischer Fachkräfte in Kindertageseinrichtungen (S. 187–210). Verfügbar unter https://edocs.tib.eu/files/e01dh17/876760140.pdf.

Wildgruber, A., Wirts, C. & Wertfein, M. (2014). Interaktionsqualität in Kindertageseinrichtungen – Forschung mit dem Classroom Assessment Scoring System (CLASS Pre-K). In A. Prengel & U. Winklhofer (Hrsg.), Kinderrechte in pädagogischen Beziehungen – Studien und Forschungsmethoden (S. 183–193). Opladen: Budrich.

2

Gestaltung von Fachkraft-Kind-Beziehungen

Heike Wadepohl & Susanne Böckmann

2.1 Relevanz des Themas und Zielsetzung

Der Aufbau von vertrauensvollen und tragfähigen Beziehungen zwischen frühpädagogischen Fachkräften und Kindern stellt einen Kernbestandteil der pädagogischen Arbeit dar und wird in den Bildungs- und Orientierungsplänen sowie in den Ausbildungscurricula herausgestellt (Fröhlich-Gildhoff, Nentwig-Gesemann, Pietsch, Köhler & Koch, 2014; Koch, 2013).

2 Gestaltung von Fachkraft-Kind-Beziehungen

Im Kita-Alltag erfüllen Fachkraft-Kind-Beziehungen einerseits die Funktion eines ›sicheren Hafens‹, zu dem die Kinder in belastenden Situationen zurückkehren und von den Fachkräften Schutz, Sicherheit und Regulation erfahren können (Ahnert, 2007). Andererseits wird im (früh-)pädagogischen Bildungsverständnis die Bedeutung von Beziehungen als Grundlage für gelingende kindliche Entwicklungs- und Lernprozesse hervorgehoben (Koch, 2013). Studien berichten z. B. Zusammenhänge zwischen einzelnen Facetten der Beziehungsqualität in der Kita und anderen Bereichen pädagogischer Qualität (zusammenfassend Wadepohl, 2016) sowie kindlicher Kooperations- und Bildungsbereitschaft (Glüer, 2013) bzw. Lernmotivation (Ahnert & Harwardt, 2008), vermehrtem Explorationsverhalten (zusammenfassend Lamb, 1998), aber auch sozial-emotionalen (z. B. Kontaktfreudigkeit) und sprachlich-kognitiven Kompetenzen (z. B. rezeptive Sprachkompetenzen; Peisner-Feinberg et al., 2001).

Die Frage, *wie* frühpädagogische Fachkräfte professionelle und qualitativ hochwertige Beziehungen zu den Kindern gestalten und damit die kindlichen Entwicklungs- und Lernprozesse positiv unterstützen können, hat in der (deutschsprachigen) Forschung eine lange Tradition (Weltzien, Fröhlich-Gildhoff, Wadepohl & Mackowiak, 2017). Dabei wird insbesondere ein sensitiv-responsives und gruppenbezogenes Interaktionsverhalten der Fachkräfte herausgearbeitet (Ahnert, Pinquart & Lamb, 2006; Remsperger, 2011).

Im Rahmen dieses Kapitels werden die wesentlichen Aspekte der Beziehungsgestaltung im Kita-Alltag thematisiert sowie Reflexionsanregungen und konkrete Impulse zur Umsetzung in der Praxis vorgestellt.

Leitfragen

- Was ist unter einer professionellen und qualitativ hochwertigen Beziehungsgestaltung zu verstehen?
  - Welche Parallelen zur Eltern-Kind-Beziehung bzw. -Bindung lassen sich ziehen?

- Welche entwicklungsförderlichen Facetten der Beziehungsgestaltung von Fachkräften lassen sich identifizieren?
- Welches Interaktionsverhalten leitet sich daraus ab?
* Wie können Fachkräfte Beziehungsbedürfnisse von Kindern im Kita-Alltag beobachten?
* Wie können Fachkräfte einzelne Elemente der Beziehungsgestaltung mit den Kindern bewusst in den Kita-Alltag integrieren und reflektieren?

2.2 Zentrale Konzepte

2.2.1 Ausgangspunkt: Eltern-Kind-Bindung

Bindungstheorie

Die Entwicklung von engen Beziehungen zu Bezugspersonen stellt eine wesentliche Entwicklungsaufgabe für Kinder im ersten Lebensjahr dar, die in der Bindungstheorie (Bowlby, 2006) beschrieben wird.

Die *Bindungstheorie* wurde vom britischen Psychoanalytiker John Bowlby entwickelt und fokussiert den Aufbau und die Aufrechterhaltung einer intensiven emotionalen Beziehung des Säuglings zu seinen primären Bezugspersonen (Bowlby, 2006; Grossmann & Grossmann, 2011). Ziel der Bindung eines Kindes zu einer Hauptbezugsperson ist das Erreichen von Sicherheit, Schutz und Regulation durch die (körperliche) Annäherung an die Bindungsperson. Entsprechend sind Kinder in den ersten Lebensjahren bemüht, in der Reichweite ihrer Bindungsperson zu bleiben. Diese wird als sichere Basis genutzt, von der aus das Kind seine Umgebung exploriert. Bei Unsicherheit, Gefahr oder Unbehagen wird das Bindungssystem des Kindes aktiviert, die Exploration eingestellt und es kehrt zur Bindungsperson zurück und/oder zeigt (anderes) Bindungsverhalten (▶ Tab. 2.1).

Tab. 2.1: Typische Auslöser und Beispiele für Bindungsverhalten

Typische Auslöser für Bindungsverhalten	Typisches Bindungsverhalten von Kleinkindern
◆ Stress, Gefahr ◆ Trennung von der Bindungsperson ◆ Schmerzen, Unwohlsein, Krankheit ◆ Müdigkeit ◆ Hunger ◆ Trauer ◆ Neue, unbekannte Reize/Unsicherheit	◆ Weinen, schreien, rufen ◆ An Bindungsperson anklammern ◆ Zur Bindungsperson krabbeln/laufen ◆ Protest, wenn Bindungsperson sich entfernt

Dieses Wechselspiel von Bindung und Exploration, die *Bindungs-Explorations-Balance*, stellt ein wesentliches Element der Bindungstheorie dar (Grossmann & Grossmann, 2011; Lengning & Lüpschen, 2012). Über die Zeit hinweg entwickeln Kinder für jede Bezugsperson Erwartungen (sog. internale Arbeitsmodelle) darüber, wie sich diese Person in bindungsrelevanten Situationen zukünftig verhalten wird (Lengning & Lüpschen, 2012).

Bindungsqualitäten

Auch wenn das Eingehen dieser primären Bindung zur Bezugsperson biologisch angelegt ist und weitestgehend ›automatisch‹ verläuft (Hörmann, 2014; Kirschke & Hörmann, 2014), scheint die Qualität der Beziehung interindividuell – also zwischen verschiedenen Bezugsperson-Kind-Dyaden – erheblich zu variieren (Berk, 2011).

Ausgehend von systematischen Beobachtungen in der sog. Fremden Situation (Ainsworth & Wittig, 1969) lassen sich vier unterschiedliche Bindungsqualitäten (eine sichere und drei unsichere) identifizieren, deren Charakteristika in Tabelle 2.2 dargestellt sind (Ainsworth & Wittig, 1969; vgl. auch Berk, 2011; Kirschke & Hörmann, 2014; Lengning & Lüpschen, 2012).

Tab. 2.2: Bindungsqualitäten und typische Verhaltensweisen von Kind und Bezugsperson (BP)

Bindungsqualität	Typisches Verhalten des Kindes	Typisches Verhalten der Bezugsperson
Sicher	• Erkundet auch neue Umgebungen neugierig, wenn BP in der Nähe bleibt • Nutzt BP als Interaktionspartner*in • Zeigt in Belastungs- und Trennungssituationen von der BP offen Bindungsbedürfnis • Lässt sich nach Trennung von BP schnell trösten; lässt sich nicht von Fremden trösten	• Nimmt kindliche Bedürfnisse sensibel wahr • Beantwortet kindliche Bedürfnisse prompt und angemessen • Steht in Belastungssituationen verlässlich zur Verfügung
Unsichervermeidend	• Exploriert sehr selbstständig; häufig ohne viel Kontakt zur Bezugsperson • Zeigt in Belastungs- und Trennungssituationen wenig Bedürfnisse nach außen, wirkt unbekümmert[1] • Reagiert auf Wiederkehr der BP nach Trennung kaum oder mit Ablehnung • Reagiert auf BP und Fremde ähnlich	• Nimmt kindliche Bedürfnisse kaum wahr • Reagiert nicht oder abweisend auf kindliche Bedürfnisse • Steht in Belastungssituationen nicht zur Verfügung
Unsicherambivalent	• Bleibt häufig in der Nähe der BP, zeigt wenig Interesse an eigenständiger Erkundung der	• Nimmt kindliche Bedürfnisse manchmal wahr, manchmal nicht wahr

---

1 In Belastungssituationen sind aber auf hormoneller Ebene starke Stressreaktion erkennbar (erhöhter Cortisol-Spiegel; Spangler & Schieche, 1998).

2 Gestaltung von Fachkraft-Kind-Beziehungen

Tab. 2.2: Bindungsqualitäten und typische Verhaltensweisen von Kind und Bezugsperson (BP) – Fortsetzung

Bindungsqualität	Typisches Verhalten des Kindes	Typisches Verhalten der Bezugsperson
	Umgebung (dauerhafte Aktivierung des Bindungssystems) • Verhält sich in Trennungssituationen klammernd, hilflos und panisch • Reagiert ambivalent bei Rückkehr der BP: einerseits Wunsch nach Nähe, andererseits Wut und Ablehnung • Lässt sich meist nicht von Fremden beruhigen	• Reagiert auf kindliche Bedürfnisse manchmal fürsorglich, manchmal abweisend oder gar nicht • Steht in Belastungssituation nicht verlässlich zur Verfügung
Unsicherdesorganisiert[2]	• Zeigt bei Belastung oder nach Trennung eigenwillige (teilweise bizarre) Reaktionen (erstarrte Körperhaltung, Rückwärtsbewegung zur BP, scheinbares Einfrieren der Gesichtszüge)	• Achtet eher auf die eigenen Bedürfnisse als auf die des Kindes • Reagiert unvorhersehbar und/oder widersprüchlich • Steht in Belastungssituation nicht zur Verfügung; ist selbst oft belastet (teilweise Rollenumkehr)

Feinfühliges Interaktionsverhalten der Bezugsperson

In der Literatur werden verschiedene Einflussfaktoren (z. B. Qualität der Fürsorge der Bezugsperson, Merkmale des Kindes wie Temperament, familiäre Situation) auf die Bindungssicherheit von Kindern diskutiert (zusammenfassend Berk, 2011). Dabei wird ein Aspekt besonders herausgehoben, der auch im Hinblick auf die Be-

---

2 Der unsicher-desorganisierte/desorientierte Bindungstypus wurde nachträglich zu den Bindungsqualitäten hinzugefügt und ist als Kategorie umstritten. Er wird häufig bei starker elterlicher oder kindlicher Traumatisierung und/oder im Kontext von Misshandlungsgeschehnissen vergeben.

ziehungsgestaltung im frühpädagogischen Kontext bedeutsam ist: das *feinfühlige Interaktionsverhalten* der Bezugsperson (Ainsworth, Bell & Stayton, 1974). Feinfühligkeit wird dabei über vier Merkmale definiert: 1. das Wahrnehmen des Befindens sowie der Bedürfnisse des Kindes, 2. die richtige Interpretation der kindlichen Verhaltensäußerungen unabhängig von den eigenen Bedürfnissen, 3. eine prompte Reaktion sowie 4. eine angemessene Reaktion auf die kindlichen Äußerungen, insbesondere im Hinblick auf das Alter bzw. den Entwicklungsstand sowie den in der Situation vorherrschenden Bindungsmodus (Bindungs- vs. Explorationsverhalten) des Kindes (Ainsworth, 2011; Ainsworth et al., 1974; vgl. auch Lengning & Lüpschen, 2012). Papoušek & Papoušek (1995) gehen davon aus, dass es bestimmte angeborene Kommunikationsformen (intuitive Kompetenzen) gibt, die Eltern und andere Bezugspersonen zur Verständigung mit einem Baby oder Kleinkind nutzen (z. B. Nachahmen/Spiegeln kindlicher Ausdrücke, Ammensprache) und die ihnen ein feinfühliges Eingehen auf das Kind erleichtern. Die Arbeiten anderer Autor*innen zeigen aber auch große interindividuelle Unterschiede im feinfühligen Verhalten (z. B. Ziegenhain, 2007) sowie Unterschiede zwischen Müttern und Vätern (Kindler & Grossmann, 2008) oder im Hinblick auf kulturelle Gepflogenheiten (zusammenfassend Berk, 2011).

2.2.2 Die Fachkraft-Kind-Beziehung

Reflexionsfrage
Inwiefern würden Sie Fachkraft-Kind-Beziehungen bindungsähnliche Eigenschaften zuschreiben? Was spricht aus Ihrer Sicht dafür, was dagegen?

Auch im frühpädagogischen Kontext entwickeln Kinder emotional bedeutsame Beziehungen, wobei sowohl der Begriff der Fachkraft-Kind-Beziehung als auch der -Bindung verwendet und diese nicht immer trennscharf voneinander abgegrenzt werden (Wadepohl & Mackowiak, 2013; Weltzien et al., 2017).

In der Literatur herrscht aber Einigkeit darin, dass die (meisten) Kinder zu pädagogischen Fachkräften tragfähige Beziehungen eingehen, die häufig Elemente von Bindung beinhalten (Hörmann, 2014). Auch frühpädagogische Fachkräfte stellen für die Kinder eine ›sichere Basis‹ dar, auf deren Grundlage die Kinder ihre Umgebung erkunden und explorieren können, und bieten ihnen Sicherheit, Schutz und (Co-)Regulation in schwierigen, herausfordernden Situationen (Ahnert, 2007; Drieschner, 2011).

Aus bindungstheoretischer Sicht sind Fachkräfte sekundäre Bindungspersonen; sie ordnen sich hierarchisch hinter den primären Bezugspersonen ein. Bei Anwesenheit beider wendet sich das Kind deshalb bevorzugt an die primäre Bezugsperson (Ahnert, 2004, 2010).

Zudem weisen die Beziehungen zwischen Fachkräften und Kindern einige Besonderheiten auf: Im Gegensatz zur sich sehr früh entwickelnden und lebenslang bestehenden (dyadischen) Bindung zu den primären Bezugspersonen stehen Fachkräfte den Kindern zeitlich begrenzt und in einem spezifischen Kontext (in der Kita-Gruppe) als Beziehungspartner*innen zur Verfügung (Ahnert, 2010). Die Fachkräfte sind für die Kinder in diesem Kontext jedoch nicht immer verfügbar (z. B. aufgrund von Urlaub, Weiterbildung, Krankheit) und es sind auch Beziehungsabbrüche (z. B. durch Beschäftigungsverbote, Wechsel in eine andere Einrichtung/Betreuungsform) möglich. Untersuchungen weisen darauf hin, dass Kinder im institutionellen Kontext eher eine globale Beziehungsqualität zu allen Fachkräften der Gruppe entwickeln, die sich häufig auch dann nicht ändert, wenn ein Fachkraft-Wechsel stattfindet (zusammenfassend Ahnert, 2007).

Weiterhin zeichnen sich viele ältere Kinder am Ende der Krippenzeit und im Kindergarten durch ein großes Explorationsbedürfnis und einen deutlich gesteigerten Erkundungsradius sowie höhere Kompetenzen in der Selbstregulation (Selbstberuhigung) aus, sodass in der Frühpädagogik ein erweitertes Verständnis der Beziehungsgestaltung diskutiert wird (zusammenfassend Koch, 2013; Wadepohl, 2016).

Facetten der Beziehungsgestaltung in der Kita

Dieses erweiterte Verständnis definiert die Beziehungsaufgaben frühpädagogischer Fachkräfte über fünf Teilfacetten, die einerseits grundlegende Interaktions- und Kommunikationsweisen beinhalten (Zuwendung) und andererseits die aus der Bindungstheorie bekannte Balance zwischen Bindung (Sicherheit, Stressreduktion) und Exploration (Explorationsunterstützung, Assistenz) thematisieren (▶ Tab. 2.3; Originalarbeit: Booth, Kelly, Spieker & Zuckerman, 2003). Auch wenn die Aufteilung der Fachkraft-Kind-Beziehung in diese fünf Facetten z. B. aufgrund hoher inhaltlicher Überschneidungen und damit verbundener Schwierigkeiten in der trennscharfen Beobachtung der Facetten mittlerweile nicht unumstritten ist (Wadepohl & Mackowiak, 2013), wird sie dennoch in vielen

Tab. 2.3: Facetten der Fachkraft-Kind-Beziehung nach Ahnert (2007)

Facette	Beschreibung
Zuwendung	◆ Emotional warme und liebevolle Kommunikation ◆ Freude am Zusammensein mit dem Kind und an gemeinsamen Interaktionen
Sicherheit	◆ Vermittlung eines Gefühls von Sicherheit ◆ Verfügbarkeit der Fachkraft
Stressreduktion	◆ Bieten von Trost und Unterstützung ◆ (Co-)Regulation von negativen Emotionen, Irritationen und/oder Ängsten der Kinder
Explorationsunterstützung	◆ Bieten einer Rückversicherungsmöglichkeit beim Explorieren ◆ Ermutigung zu eigenständigem Erkunden der Umwelt
Assistenz	◆ Unterstützen der Kinder im Hinblick auf Lernprozesse, z. B. durch Scaffolding-Prozesse (▶ Kap. 3)

– auch praxisorientierten – Publikationen zur Veranschaulichung und Systematisierung genutzt (z. B. Ahnert, 2007; Becker-Stoll, Niesel & Wertfein, 2014; Drieschner, 2011; Hörmann, 2014; Lorber & Hanf, 2013).

Sensitiv-responsives Interaktionsverhalten

Analog zur Feinfühligkeit in der Eltern-Kind-Bindung wird in der Frühpädagogik als wesentliche Voraussetzung zum Aufbau qualitativ hochwertiger Fachkraft-Kind-Beziehungen häufig ein *sensitiv-responsives Interaktionsverhalten* der Fachkräfte hervorgehoben (Remsperger, 2011; Remsperger-Kehm, 2017). Der Begriff der *Responsivität* bezieht sich dabei auf die Frage, ob die Fachkraft überhaupt eine Reaktion auf ein Kind bzw. eine vom Kind initiierte Interaktion zeigt; der Begriff der *Sensitivität* beschreibt, inwiefern die Reaktion der Fachkraft (mehr oder weniger) feinfühlig ist (Remsperger-Kehm, 2020).

So zeichnen sich Fachkräfte mit einem überwiegend sensitiv-responsiven Interaktionsverhalten

> »durch deren hohes Interesse, konstantes Eingehen, gut verständliches Sprechen und Handeln, Engagement sowie den fortwährenden Blickkontakt mit Kindern aus […]. Interaktionen mit hoher Sensitiver Responsivität sind hinsichtlich Inhalt, Verlauf und Tempo durch die Kinder bestimmt. Die Fachkräfte geben den Kindern genügend Raum, um sich mitzuteilen, hören ihnen zu, lassen sie ausreden und unterbrechen mitunter auch eigene Handlungen. Zudem greifen sie die Gefühle der Kinder auf und stellen interessierte, gezielte und anregende Nachfragen« (Remsperger-Kehm, 2020, o. S.).

Untersuchungen zur Qualität von Fachkraft-Kind-Beziehungen

Im Zusammenhang mit der Debatte um die Auswirkungen der frühen (institutionellen) Bildung, Betreuung und Erziehung auf die kindliche Entwicklung wurde in den letzten Dekaden auch die Forschung zu Fachkraft-Kind-Beziehungen intensiviert und diese zunehmend im Rahmen einer professionellen Interaktionsgestaltung frühpädagogischer Fachkräfte als wesentlicher Aspekt der pädagogischen Qualität betrachtet (König & Viernickel, 2016; Wadepohl, 2016; Weltzien et al., 2017).

Dabei wurde neben Untersuchungen zur Fachkraft-Kind-Bindung (zusammenfassend Ahnert et al., 2006) eine Vielzahl an Studien durchgeführt, die jeweils auf spezifische Aspekte der Fachkraft-Kind-Beziehung fokussieren (Weltzien et al., 2017): Beispielsweise zur Sensitiven Responsivität (z. B. Remsperger, 2011), zum emotionalen Klima in der Kita-Gruppe (z. B. Sommer & Sechtig, 2016; Wadepohl & Mackowiak, 2016), zum wertschätzenden Interaktionsverhalten (z. B. Wadepohl, 2017; Wadepohl, Böckmann, Gießelmann & Küsshauer, 2020) oder zum globaleren Maß der emotionalen Unterstützung (zusammenfassend Wadepohl, 2016). Generell weisen die Studienergebnisse aus dem deutschsprachigen Raum darauf hin, dass es den Fachkräften im Kita-Alltag gut gelingt, qualitativ hochwertige Beziehungen zu den Kindern aufzubauen bzw. beziehungsförderliches sensitiv-responsives, wertschätzendes, emotional warmes Interaktionsverhalten zu zeigen, sie deuten aber auch auf eine Reihe von Faktoren hin, die sich auf die Beziehungsgestaltung und -qualität auswirken bzw. mit ihr zusammenhängen können (▶ Tab. 2.4). Die Befundlage lässt sich kaum pauschal zusammenfassen, sondern muss sehr differenziert betrachtet werden.

Tab. 2.4: Beispiele für mögliche Einflussfaktoren auf die Qualität der Fachkraft-Kind-Beziehung

Faktor	Literatur
Strukturierungsgrad des (beobachteten) Settings (z. B. Bildungsangebot, Freispiel, Essen)	z. B. Bäuerlein, Rösler & Schneider (2017); Wertfein, Wirts & Wildgruber (2015)
Heterogenität der Kindergruppe (z. B. Altersmischung, kulturelle Heterogenität)	z. B. Sommer & Sechtig (2016); Wadepohl (2017)
(Pädagogische) Einstellungen der Fachkräfte	z. B. Wadepohl (2017)

Tab. 2.4: Beispiele für mögliche Einflussfaktoren auf die Qualität der Fachkraft-Kind-Beziehung – Fortsetzung

Faktor	Literatur
Psychische Belastungen oder Stress der Fachkräfte	z. B. Penttinen et al. (2019)
Gruppenbezogene Strukturierungs- bzw. Regulationskompetenzen der Fachkräfte	z. B. Ahnert et al. (2006)
Geschlecht des Kindes	z. B. Kontos & Wilcox-Herzog (1997); Wolter, Glüer & Hannover (2014)
Temperament des Kindes	z. B. Rudasill & Rimm-Kaufman (2006, 2009)
Beziehung der Fachkraft zu den Eltern	z. B. Chung, Marvin & Churchill (2005)

2.3 Möglichkeiten der Umsetzung im Kita-Alltag

Der Beziehungsaufbau eines Kindes zur frühpädagogischen Fachkraft beginnt mit dem Eintritt des Kindes in die Kita und ist für viele Kinder gleichzeitig mit der ersten dauerhaften und zeitlich längeren Ablösung von den primären Bezugspersonen verbunden. Für die Kinder stellt das Gewöhnen an eine neue Umgebung und ein erweitertes Beziehungsnetz eine große Herausforderung dar, weshalb eine gute Übergangsgestaltung in der Eingewöhnungsphase von enormer Bedeutung ist (Braukhane & Knobeloch, 2011; Hörmann, 2014). Ziel der Eingewöhnung ist es, dass das Kind während der Anwesenheit der primären Bezugsperson eine tragfähige Beziehung zur Bezugsfachkraft aufbauen kann, die ihm im Sinne der Bindungstheorie Sicherheit, Schutz und Regulation sowie Unterstützung und Anregung bieten kann. In der Literatur sowie in der

2.3 Möglichkeiten der Umsetzung im Kita-Alltag

Kita-Praxis werden verschiedene Eingewöhnungsmodelle favorisiert, die sich insbesondere im Hinblick auf ihre (zeitliche) Flexibilität und das Maß der Strukturierung unterscheiden (Viernickel & Völkel, 2009). Während die Phase der Eingewöhnung durch den grundlegenden Beziehungsaufbau zwischen Kind und Fachkraft charakterisiert wird, wird im weiteren Verlauf der Kita-Zeit die Beziehung zwischen Kind und Fachkraft über gemeinsame Interaktionen im pädagogischen Alltag intensiviert und ausdifferenziert (Beziehungspflege) (Becker-Stoll et al., 2014).

Im folgenden Praxisteil werden Übungen und Reflexionsfragen im Hinblick auf die Analyse (kindlicher) Bindungsbedürfnisse unter einer diagnostischen Perspektive vorgestellt, die insbesondere den Beziehungsaufbau in der Eingewöhnung fokussieren. Des Weiteren werden konkrete Umsetzungsmöglichkeiten zur Gestaltung von Beziehungen zu den Kindern im Kita-Alltag aufgezeigt.

2.3.1 Diagnostische Perspektive

Zentrales Ziel der frühen Eingewöhnungsphase ist es, zunächst die Interaktionen zwischen dem Kind und seiner primären Bezugsperson zu beobachten, um einerseits wichtige Informationen zur Art der Bedürfnisäußerung des Kindes zu erfahren und andererseits Rückschlüsse auf die (mögliche) Qualität der primären Bindung ziehen zu können (Braukhane & Knobeloch, 2011). Diese Phase der Eingewöhnung wird in vielen Modellen ›Beobachtungs- oder Kennenlernphase‹ genannt, die Fachkraft verhält sich zurückhaltend und reagiert auf kindliche Interaktionsanfragen, initiiert aber keine direkten Interaktionen mit dem Kind (Burat-Hiemer, 2006; Lorber & Hanf, 2013). In der darauffolgenden ›Mitmach- oder Sicherheitsphase‹ bietet sich die Fachkraft mehr und mehr als Spielpartner*in und Bezugsperson an; es finden erste kurze Trennungsversuche des Kindes von der primären Bezugsperson statt (Burat-Hiemer, 2006; Lorber & Hanf, 2013).

2 Gestaltung von Fachkraft-Kind-Beziehungen

Übung 1 und 2: Beobachtung in der Eingewöhnung

- Fokus: Primäre Bindungsbeziehung (Übung 1)
- Fokus: Bindungs- und Explorationsverhalten (Übung 2)

Ziel: Beobachten von Indikatoren der primären Bindungsqualität sowie des Bindungs- und Explorationsverhaltens eines Kindes in der Eingewöhnung
Material: –

Die Eingewöhnung eines Kindes endet mit dem ›Rollentausch‹ bzw. der ›Vertrauensphase‹, d. h. die Fachkraft übernimmt für das Kind vollständig die Rolle der Bezugsperson und alle damit zusammenhängenden Aufgaben. Die primäre Bindungsperson hat aber noch Gelegenheit, die Interaktionen zu beobachten und Fragen zu stellen, um Sicherheit darin zu gewinnen, dass das Kind zur Fachkraft eine ausreichend sichere Beziehung aufgebaut hat, sich von ihr versorgen, trösten und ins Spiel bringen lässt (Burat-Hiemer, 2006; Lorber & Hanf, 2013).

Reflexionsfragen

- Wann ist aus Ihrer Sicht die Eingewöhnung eines Kindes abgeschlossen?
- Wie zeigt Ihnen das Kind, dass es eingewöhnt ist? An welchen Kriterien im Hinblick auf Ihre Beziehung zum Kind können Sie das festmachen?
- Welche Aspekte sollten Sie im Hinblick auf die primäre Bindungsperson berücksichtigen?

Auch wenn der Phase der Eingewöhnung eine herausragende Bedeutung für die Entwicklung der Fachkraft-Kind-Beziehung zukommt, spielt deren Gestaltung im Kita-Alltag eine große Rolle

2.3 Möglichkeiten der Umsetzung im Kita-Alltag

und ist ständigen Veränderungen ausgesetzt (Becker-Stoll et al., 2014). Neben eher kurzfristigen/situativen Aspekten (z. B. vorübergehenden Trennungsschwierigkeiten bei der morgendlichen Übergabe, Veränderungen in der Zugänglichkeit eines Kindes z. B. durch Unwohlsein oder Streit) können sich auch Veränderungen in der Lebenssituation (z. B. Geburt eines Geschwisterkindes, Trennung der primären Bindungspersonen oder Umzug) auf die Qualität der Fachkraft-Kind-Beziehung auswirken.

> **Übung 3: Identifikation kindlicher Bedürfnisse im Kita-Alltag**
> **Ziel:** Identifikation und Zuordnung kindlicher Bindungs- und Explorationsbedürfnisse anhand eines Fallbeispiels
> **Material:** Material 1

Zudem wird sich die Fachkraft-Kind-Beziehung mit zunehmendem Alter des Kindes verändern, da sich die Beziehungsbedürfnisse bzw. die Abwägung zwischen Bindungs- und Explorationsbedürfnis zwischen älteren und jüngeren Kindern unterscheidet (Ahnert, 2007).

> **Übung 4: Entwicklung der Beziehungsgestaltung**
> **Ziel:** Beobachtung der Variabilität der Beziehungsgestaltung in Abhängigkeit vom Alter bzw. Entwicklungsstand der Kinder
> **Material:** –

2.3.2 Förderperspektive

Der Aufbau sowie die Aufrechterhaltung sicherer Beziehungen durch die frühpädagogische Fachkraft wird maßgeblich dadurch beeinflusst, dass diese im Sinne eines sensitiv-responsiven Interaktionsverhaltens kindliche Bedürfnisse erkennt und angemessen auf sie reagiert (Becker-Stoll et al., 2014; Remsperger, 2011). Diese Abgestimmtheit auf kindliche Bedürfnisse zeigt sich im Kita-Alltag dadurch, dass die Fachkraft ihr Handeln an die aktuelle kindliche Gefühls- und Bedürfnislage, den allgemeinen Entwicklungsstand und das Alter, das Geschlecht sowie die individuellen Besonderheiten des Kindes, aber auch an kulturelle Aspekte anpasst (Gutknecht, 2012). Dabei ist es wichtig zu berücksichtigen, dass die in 2.2 eingeführten Facetten der Fachkraft-Kind-Beziehung (Zuwendung, Sicherheit, Stressreduktion, Explorationsunterstützung, Assistenz) je nach Bedürfnisäußerung des Kindes in unterschiedlichem Maße von der Fachkraft realisiert werden. Während beim Beziehungsaufbau sowie bei jüngeren Kindern vor allem die ersten drei Facetten bedeutsam sind, werden mit zunehmendem Alter der Kinder die Ermutigung zur (eigenständigen) Erkundung der Umgebung (Explorationsunterstützung) sowie die Unterstützung von Kindern in der Zone der nächsten Entwicklung (Vygotskij, 2002) (Assistenz) relevanter.

Übung 5: Fünf Facetten der Beziehungsgestaltung
Ziel: Identifikation der fünf Facetten der Beziehungsgestaltung anhand eines Fallbeispiels
Material: Material 1

Reflexionsfragen

- In welchen Situationen im Kita-Alltag ist es schwierig, den Bedürfnissen der Kinder gerecht zu werden? Was könnten Sie an der Situation verändern, damit Sie das Gefühl haben, den Kindern besser gerecht zu werden?
- Bei welchen Facetten der Beziehungsgestaltung gelingt Ihnen die Umsetzung gut? Welche Facetten haben Sie weniger im Blick?

2.3 Möglichkeiten der Umsetzung im Kita-Alltag

Eine weitere Herausforderung für die Beziehungsgestaltung im frühpädagogischen Kontext ist die Betreuungssituation bzw. die Fachkraft-Kind-Relation, welche den Fachkräften im Kita-Alltag nicht durchgehend ermöglicht, sich stets sensitiv-responsiv zu verhalten und für jedes Kind (gleichermaßen) da zu sein (Remsperger, 2011). Daher scheint ein flexibler Wechsel zwischen auf das einzelne Kind bezogenen sensitiv-responsiven sowie stärker gruppenbezogenen, strukturierenden Strategien maßgeblich zu sein, um einerseits in der aktuellen Situation besonders bindungsbedürftigen Kindern die notwendige Aufmerksamkeit entgegenbringen zu können und andererseits für alle Kinder ausreichend viele und qualitativ hochwertige dyadische Situationen in den Kita-Alltag zu integrieren.

Übung 6: Dyadische Spielsituationen
Ziel: Beziehungsförderliche Gestaltung von länger andauernden dyadischen Situationen im Kita-Alltag
Material: –

Vor dem Hintergrund der Bedeutung von Beziehungen für die Entwicklung und das Lernen von Kindern sollen die hier vorgestellten Übungen und Reflexionsfragen insbesondere (angehende) frühpädagogische Fachkräfte dazu einladen, sich ihrer Kompetenzen in diesem Bereich bewusst zu werden und diese – insbesondere im Hinblick auf das flexible und individuell abgestimmte Wechselspiel der unterschiedlichen Facetten – im komplexen, pädagogischen Alltag umzusetzen.

Weiterführende Literaturtipps
Becker-Stoll, F. & Textor, M. R. (2007) (Hrsg.). Die Erzieherin-Kind-Beziehung. Zentrum von Bildung und Erziehung. Berlin: Cornelsen.
Hörmann, K. (2014). Die Entwicklung der Fachkraft-Kind-Beziehung. Verfügbar unter: https://www.kita-fachtexte.de/fileadmin/Redaktion/Publikationen//KiTaFT_hoermann_2014.pdf.

> Kirschke, K. & Hörmann, K. (2014). Grundlagen der Bindungstheorie. Verfügbar unter: https://www.kita-fachtexte.de/fileadmin/Redaktion/Publikationen/KiTaFT_kirschke_hoermann_2014.pdf.
> Lengning, A. & Lüpschen, N. (2012). Bindung. München: Ernst Reinhardt.

Literatur

Ahnert, L. (2004). Bindungsbeziehungen außerhalb der Familie: Tagesbetreuung und Erzieherinnen-Kind-Bindung. In L. Ahnert (Hrsg.), Frühe Bindung. Entstehung und Entwicklung (2. Aufl., S. 256–277). München: Ernst Reinhardt.

Ahnert, L. (2007). Von der Mutter-Kind- zur Erzieherinnen-Kind-Bindung? In F. Becker-Stoll & M. R. Textor (Hrsg.), Die Erzieherin-Kind-Beziehung. Zentrum von Bildung und Erziehung (S. 31–41). Berlin: Cornelsen.

Ahnert, L. (2010). Wieviel Mutter braucht ein Kind? Bindung-Bildung-Betreuung: öffentlich und privat. Heidelberg: Spektrum Akad. Verl.

Ahnert, L. & Harwardt, E. (2008). Die Beziehungserfahrungen der Vorschulzeit und ihre Bedeutung für den Schuleintritt. Empirische Pädagogik, 22(2), 145–159.

Ahnert, L., Pinquart, M. & Lamb, M. E. (2006). Security of children's relationships with nonparental care providers: A meta-analysis. Child Development, 74(3), 664–679.

Ainsworth, M. D. S. (2011). Feinfühligkeit vs. Unfeinfühligkeit gegenüber den Mitteilungen des Babys. In K. E. Grossmann & K. Grossmann (Hrsg.), Bindung und menschliche Entwicklung. John Bowlby, Mary Ainsworth und die Grundlagen der Bindungstheorie (3. Aufl., S. 414–421). Stuttgart: Klett-Cotta.

Ainsworth, M. D. S., Bell, S. M. & Stayton, D. J. (1974). Infant-mother attachment and social development: socialization as a product of reciprocal responsiveness to signals. In M. P. M. Richards (Ed.), The integration of a child into a social world (pp. 99–135). London: Cambridge University Press.

Ainsworth, M. D. S. & Wittig, B. A. (1969). Attachment and exploratory behavior of one-year-olds in a strange situation. In B. M. Foss (Ed.), Determinants of infant behaviour IV (pp. 111–136). London: Methuen.

Bäuerlein, K., Rösler, J. & Schneider, W. (2017). Fachkraft-Kind-Interaktionen in der Krippe: Zusammenhänge mit der Fachkraft-Kind-Bindung. In H. Wadepohl, K. Mackowiak, K. Fröhlich-Gildhoff & D. Weltzien (Hrsg.), Interaktionsgestaltung in Familie und Kindertagesbetreuung (S. 115–146). Wiesbaden: Springer.

Becker-Stoll, F., Niesel, R. & Wertfein, M. (2014). Handbuch Kinderkrippe. So gelingt Qualität in der Tagesbetreuung. Freiburg: Herder.

Berk, L. E. (2011). Entwicklungspsychologie (5., aktualisierte Aufl.). München: Pearson Deutschland; Pearson Studium.

Booth, C. L., Kelly, J. F., Spieker, S. J. & Zuckerman, T. G. (2003). Toddlers' attachment security to child-care providers: The safe and secure scale. Early Education & Development, 14(1), 83–100.

Bowlby, J. (2006). Bindung. München: Ernst Reinhardt.

Braukhane, K. & Knobeloch, J. (2011). Das Berliner Eingewöhnungsmodell – Theoretische Grundlagen und praktische Umsetzung. Verfügbar unter: https://www.kita-fachtexte.de/fileadmin/Redaktion/Publikationen/KiTaFT_Braukhane_Knobeloch_2011.pdf.

Burat-Hiemer, E. (2006). Eingewöhnung am Beispiel der Kinderkrippe mamamia. Verfügbar unter: https://kindergartenpaedagogik.de/fachartikel/gestaltung-von-uebergaengen/uebergang-von-der-familie-in-die-tagesbetreuung/1811.

Chung, L.-C., Marvin, C. A. & Churchill, S. L. (2005). Teacher factors associated with preschool teacher-child relationships: Teaching efficacy and parent-teacher relationships. Journal of Early Childhood Teacher Education, 25(2), 131–142.

Drieschner, E. (2011). Bindung und kognitive Entwicklung – ein Zusammenspiel. Ergebnisse der Bindungsforschung für eine frühpädagogische Beziehungsdidaktik (WiFF Expertisen 13). München: Deutsches Jugendinstitut.

Fröhlich-Gildhoff, K., Nentwig-Gesemann, I., Pietsch, S., Köhler, L. & Koch, M. (2014). Kompetenzentwicklung und Kompetenzerfassung in der Frühpädagogik. Konzepte und Methoden incl. Begleit-CD. Freiburg: FEL-Verlag Forschung-Entwicklung-Lehre.

Glüer, M. (2013). Beziehungsqualität und kindliche Kooperations- und Bildungsbereitschaft. Eine Studie in Kindergarten und Grundschule. Wiesbaden: VS.

Grossmann, K. E. & Grossmann, K. (Hrsg.) (2011). Bindung und menschliche Entwicklung. John Bowlby, Mary Ainsworth und die Grundlagen der Bindungstheorie (3. Aufl.). Stuttgart: Klett-Cotta.

Gutknecht, D. (2012). Bildung in der Kinderkrippe. Wege zur Professionellen Responsivität. Stuttgart: Kohlhammer.

Hörmann, K. (2014). Die Entwicklung der Fachkraft-Kind-Beziehung. Verfügbar unter: http://www.kita-fachtexte.de/uploads/media/KiTaFT_hoermann_2014.pdf.
Kindler, H. & Grossmann, K. (2008). Vater-Kind-Bindung und die Rollen von Vätern in den ersten Lebensjahren ihrer Kinder. In L. Ahnert (Hrsg.), Frühe Bindung. Entstehung und Entwicklung (2. Aufl., S. 240–255). München: Ernst Reinhardt.
Kirschke, K. & Hörmann, K. (2014). Grundlagen der Bindungstheorie. Verfügbar unter: https://www.kita-fachtexte.de/fileadmin/Redaktion/Publikationen/KiTaFT_kirschke_hoermann_2014.pdf.
Koch, A. (2013). Beziehungsgestaltung in der Elementarpädagogik als Voraussetzung für kindliche Lernprozesse – Relevanz bindungstheoretischer Ansätze und deren Umsetzung in den Rahmenplänen für die frühe Bildung in Kindertageseinrichtungen. Inauguraldissertation, Goethe-Universität Frankfurt a. M.
König, A. & Viernickel, S. (2016). Editorial. Interaktions- und Beziehungsgestaltung zwischen pädagogischen Fachkräften und Kindern. Frühe Bildung, 5(1), 1–2.
Kontos, S. & Wilcox-Herzog, A. (1997). Influences on children's competence in early childhood classrooms. Early Childhood Research Quarterly, 12(3), 247–262.
Lamb, M. E. (1998). Nonparental child care: Context, quality, correlates, and consequences. In I. E. Sigel (Ed.), Handbook of child psychology Vol. 5. Child psychology in practice (5th ed., pp. 73–133). New York: Wiley.
Lengning, A. & Lüpschen, N. (2012). Bindung. München: Ernst Reinhardt.
Lorber, K. & Hanf, J. (2013). Beziehungsdidaktik in der Krippe. In B. Bloch & N. Neuß (Hrsg.), Grundwissen Didaktik für Krippe und Kindergarten (S. 112–123). Berlin: Cornelsen.
Papoušek, H. & Papoušek, M. (1995). Intuitive Parenting. In M. H. Bornstein (Hrsg.), Handbook of parenting: Vol. 2. Biology and ecology of parenting (S. 117–136). Hillsdale, New Jersey: Erlbaum.
Peisner-Feinberg, E. S., Burchinal, M. R., Clifford, R. M., Culkin, M. L., Howes, C., Kagan, S. L. et al. (2001). The relation of preschool child-care quality to children's cognitive and social developmental trajectories through second grade. Child Development, 72(5), 1534–1553.
Penttinen, V., Pakarinen, E., von Suchodoletz, A. & Lerkkanen, M.-K. (2019). The association between the quality of teacher-child-interactions and teacher stress: Moderating factors. EARLI Conference 2019. Aachen.
Remsperger, R. (2011). Sensitive Responsivität. Zur Qualität pädagogischen Handelns im Kindergarten. Wiesbaden: VS.

Remsperger-Kehm, R. (2017). Sensitive responsiveness: An approach to the analysis and improvement of teacher-child interactions in early childhood settings. In A. C. Gunn & C. A. Hruska (Eds.), Interactions in early childhood education. Recent research and emergent concepts (pp. 19–36). Singapore: Springer.

Remsperger-Kehm, R. (2020). Sensitive Responsivität. Verfügbar unter: https://www.socialnet.de/lexikon/Sensitive-Responsivitaet.

Rudasill, K. M. & Rimm-Kaufman, S. E. (2006). Temperament and language skills as predictors of teacher–child relationship quality in preschool. Early Education and Development, 17(2), 271–291.

Rudasill, K. M. & Rimm-Kaufman, S. E. (2009). Teacher–child relationship quality: The roles of child temperament and teacher–child interactions. Early Childhood Research Quarterly, 24(2), 107–120.

Schelle, R. (2011). Die Bedeutung der Fachkraft im frühkindlichen Bildungsprozess. Didaktik im Elementarbereich (WiFF Expertisen 18). München: Deutsches Jugendinstitut.

Sommer, A. & Sechtig, J. (2016). Sozio-emotionale Interaktionsqualität vor dem Hintergrund einer erweiterten Altersmischung im Kindergarten. Frühe Bildung, 5(1), 13–21.

Spangler, G. & M. Schieche (1998). Emotional and adrenocortical responses of infants to the strange situation: The differential function of emotional expression. International Journal of Behavioral Development, 22, 681–706.

Viernickel, S. & Völkel, P. (Hrsg.) (2009). Bindung und Eingewöhnung von Kleinkindern. Troisdorf: Bertelsmann.

Vygotskij, L. S. (2002). Denken und Sprechen. Psychologische Untersuchungen. Weinheim: Beltz.

Wadepohl, H. (2016). Interaktionsgestaltung frühpädagogischer Fachkräfte in Kindertageseinrichtungen. Kumulative Dissertation, Leibniz Universität Hannover. Verfügbar unter: https://edocs.tib.eu/files/e01dh17/876760140.pdf.

Wadepohl, H. (2017). Die Gestaltung wertschätzender Interaktionen als eine Facette der Beziehungsqualität in der Kita. In H. Wadepohl, K. Mackowiak, K. Fröhlich-Gildhoff & D. Weltzien (Hrsg.), Interaktionsgestaltung in Familie und Kindertagesbetreuung (Psychologie in Bildung und Erziehung: Vom Wissen zum Handeln, S. 171–198). Wiesbaden: Springer.

Wadepohl, H., Böckmann, S., Gießelmann, J. & Küsshauer, C. (2020). Die Gestaltung wertschätzender Fachkraft-Kind-Interaktionen im Kita-Alltag – Weiterentwicklung und Ergebnisse des WSI-R-Ratingverfahrens. (Blind-Peer-Review). In D. Weltzien, H. Wadepohl, I. Nentwig-Gesemann & M.

Alemzadeh (Hrsg.), Forschung in der Frühpädagogik, XIII. Frühpädagogischen Alltag gestalten und erleben (S. 359–384). Freiburg: Verlag FEL.

Wadepohl, H. & Mackowiak, K. (2013). Entwicklung und Erprobung eines Beobachtungsinstruments zur Analyse der Beziehungs- bzw. Bindungsgestaltung von frühpädagogischen Fachkräften in Freispielsituationen. In K. Fröhlich-Gildhoff, I. Nentwig-Gesemann, A. König, U. Stenger & D. Weltzien (Hrsg.), Forschung in der Frühpädagogik VI. Schwerpunkt: Interaktion zwischen Fachkräften und Kindern (S. 87–118). Freiburg: Verlag FEL.

Wadepohl, H. & Mackowiak, K. (2016). Beziehungsgestaltung und deren Bedeutung für die Unterstützung von kindlichen Lernprozessen im Freispiel. Frühe Bildung, 5(1), 22–30.

Weltzien, D., Fröhlich-Gildhoff, K., Wadepohl, H. & Mackowiak, K. (2017). Interaktionsgestaltung im familiären und frühpädagogischen Kontext. Einleitung. In H. Wadepohl, K. Mackowiak, K. Fröhlich-Gildhoff & D. Weltzien (Hrsg.), Interaktionsgestaltung in Familie und Kindertagesbetreuung (Psychologie in Bildung und Erziehung: Vom Wissen zum Handeln, S. 1–26). Wiesbaden: Springer.

Wertfein, M., Wirts, C. & Wildgruber, A. (2015). Bedingungsfaktoren für gelingende Interaktionen zwischen Erzieherinnen und Kindern. Ausgewählte Ergebnisse der BIKE-Studie. München: Staatsinstitut für Frühpädagogik. Verfügbar unter: http://www.ifp.bayern.de/imperia/md/content/stmas/ifp/projektbericht_bike_nr_27.pdf.

Wolter, I., Glüer, M. & Hannover, B. (2014). Gender-typicality of activity offerings and child–teacher relationship closeness in German »Kindergarten«. Influences on the development of spelling competence as an indicator of early basic literacy in boys and girls. Learning and Individual Differences, 31, 59–65.

Ziegenhain, U. (2007). Förderung der Beziehungs- und Erziehungskompetenzen bei jugendlichen Müttern. Praxis der Kinderpsychologie und Kinderpsychiatrie, 56 (8), 660–675.

3

Unterstützung kindlicher Lernprozesse durch kognitiv anregende Interaktionen im Kita-Alltag

Katja Mackowiak, Matthias Mai, Lisa Keller, Theresa Johannsen, Stefani Linck, Cathleen Bethke

3.1 Relevanz des Themas und Zielsetzung

In den letzten Jahren haben sich die Erwartungen an Kindertageseinrichtungen (Kitas) verändert und gehen nun mit dem Anspruch an eine gezielte frühkindliche Bildungsförderung einher (z. B. Betz, Koch, Mehlem & Nentwig-Gesemann, 2016; Fthenakis et al., 2007).

3 Unterstützung kindlicher Lernprozesse

Dies liegt u. a. an einer Vielzahl (inter-)nationaler Studien, die belegen, dass eine hohe (Interaktions-)Qualität in frühpädagogischen Einrichtungen die kindliche Entwicklung positiv beeinflusst, Bildungschancen verbessert und Entwicklungsrisiken bei Kindern kompensieren kann (z. B. Anders, 2013; Camilli, Vargas, Ryan & Barnett, 2010; Mashburn et al., 2008; Roßbach, 2005; Sammons, 2010).

Diese Erkenntnisse lenken den Blick darauf, was eine qualitativ hochwertige, lernunterstützende Interaktionsgestaltung kennzeichnet und wie diese im komplexen Kita-Alltag mit einer heterogenen Kindergruppe realisiert werden kann (Nentwig-Gesemann, Fröhlich-Gildhoff & Pietsch, 2011).

Das vorliegende Kapitel beschreibt im ersten Teil relevante Merkmale einer lernunterstützenden, kognitiv anregenden Fachkraft-Kind-Interaktion und gibt im zweiten Teil Anregungen, wie solche Interaktionen konkret gestaltet werden können.

Leitfragen

- Welche Merkmale kennzeichnen eine lernunterstützende, kognitiv anregende Fachkraft-Kind-Interaktion?
- Welche Kompetenzen und Bildungsvorstellungen sind notwendig, um lernunterstützende, kognitiv anregende Fachkraft-Kind-Interaktionen im Kita-Alltag zu gestalten?
- Welche Ansätze und Methoden eignen sich, um den kognitiven Anregungsgehalt von Fachkraft-Kind-Interaktionen im Kita-Alltag zu steigern?

3.2 Zentrale Konzepte

Lernunterstützende Fachkraft-Kind-Interaktionen zielen darauf ab, Kinder kognitiv zu aktivieren, das heißt zum Nachdenken über Sachverhalte und Themen anzuregen und gemeinsam Lösungen für Fragestellungen zu entwickeln. Auf diese Weise werden Problemlösefähigkeiten und selbstgesteuertes Lernen gefördert, welche als wesentliche Kompetenzen für lebenslanges Lernen verstanden werden (Deutsches PISA-Konsortium, 2001).

Kognitiv aktivierende Interaktionen finden in der Kita nicht nur im Rahmen geplanter Angebote und Projekte statt, vielmehr bieten jede Alltagssituation und jedes Thema die Möglichkeit, kindliche Denkprozesse anzuregen. Kognitive Aktivierung ist nicht auf einen spezifischen Bildungsbereich (z. B. naturwissenschaftliche Bildung) begrenzt, sondern bereichsübergreifend zu verstehen und auf alle Lerninhalte übertragbar.

3.2.1 Lernunterstützung durch kognitive Aktivierung

Das Konzept der kognitiven Aktivierung stammt ursprünglich aus der Unterrichtsforschung (z. B. Klieme, 2006; Praetorius, Klieme, Herbert & Pinger, 2018) und wird inzwischen auch für die Bildungsarbeit in Kitas genutzt (z. B. Hardy & Steffensky, 2014; Leuchter, 2014).

Kognitive Aktivierung wird als eine besondere Art des Lernangebots seitens der Pädagog*innen verstanden, welches – im besten Fall – beim Kind zu einer kognitiven Aktivität führt (vgl. Angebot-Nutzungs-Modell, Helmke, 2012). Kognitive Aktivierung kann erreicht werden, wenn interessante Lernziele angestrebt, das Vorwissen der Lernenden berücksichtigt und alle Kinder im Rahmen ihrer Möglichkeiten zum Denken angeregt werden (Fauth & Leuders, 2018; Renkl et al., 2006). Dies gelingt durch herausfordernde Aufgabenstellungen, welche »bei der Bearbeitung kognitive Kon-

3 Unterstützung kindlicher Lernprozesse

flikte bei den Lernenden hervorrufen und unterschiedliche Ideen, Positionen, Interpretationen und Lösungen ermöglichen.« (Wesselborg, Weyland & Kleinknecht, 2019, S. 79). Darüber hinaus sind der Bezug zur kindlichen Lebenswelt sowie die Möglichkeit eines intensiven Austauschs über die eigenen Vorstellungen und Gedanken von Vorteil (Kleickmann, 2012; Renkl et al., 2006). In der Literatur findet sich eine Vielzahl an Handlungsweisen, mit denen eine kognitive Aktivierung erzeugt werden kann, z. B. das Schaffen subjektiv bedeutsamer Lernanlässe, das gemeinsame Entwickeln von Fragestellungen und Hypothesen, das Sammeln von Ideen und Argumenten, das Erarbeiten und Erproben von Lösungsalternativen oder das Analysieren und Reflektieren von Sachverhalten und Prozessen (z. B. Kleickmann, 2012).

Auf Seiten der Kinder ist bedeutsam, wie diese die Lerngelegenheit annehmen: Welche Vorstellungen hat das Kind von einem Lerngegenstand, wie entwickelt es diese weiter; welche Fragen stellt es und welche Strategien nutzt es im Umgang mit dem Lerngegenstand? Jede aktive, kognitive Auseinandersetzung ist relevant für das Lernen; sie kann durch eine lernunterstützende Interaktionsgestaltung zwar angeregt werden, liegt letztlich jedoch in der Verantwortung der Lernenden und hängt von den individuellen Voraussetzungen ab (▶ Abb. 3.1; vgl. Helmke, 2012). Daher kann – strenggenommen – nicht von kognitiver Aktivierung, sondern lediglich vom »Potenzial zur kognitiven Aktivierung« (Kleickmann, 2012, S. 7) gesprochen werden. Hinzu kommen Kontextfaktoren, die ebenfalls das Lernen beeinflussen (z. B. Schrader & Helmke, 2008).

Studien zeigen, dass kognitiv aktivierende Lernangebote vertiefte Denk- und Verstehensprozesse anregen und Problemlöse- und Selbststeuerungsfähigkeiten unterstützen (Kleickmann, 2012; Praetorius, Klieme, Herbert & Pinger, 2018). Kinder lernen, sich selbst Ziele zu setzen, ihr Handeln zu planen, Lösungswege auszuprobieren und zu überwachen sowie Fehler zu korrigieren und zu reflektieren (z. B. Hattie, Biggs & Purdie, 1996; Kramarski & Mevarech, 2003). Kognitive Aktivierung führt in der Folge zu besseren Lernergebnissen bei Kindern (z. B. Hardy & Steffensky, 2014; Leuchter, 2014; Praetorius et al., 2018).

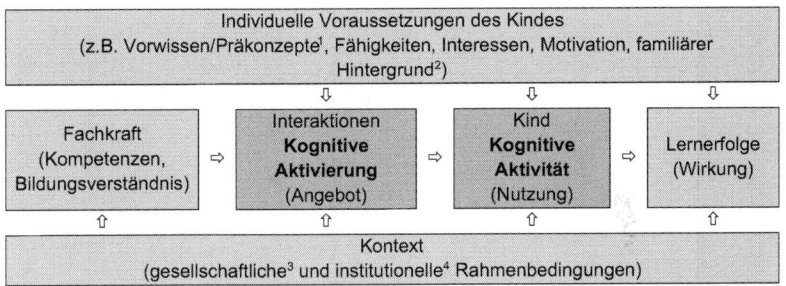

Abb. 3.1: Modifiziertes Angebot-Nutzungs-Modell zur kognitiven Aktivierung (Fauth & Leuders, 2018)[1]

3.2.2 Lernunterstützung und Bildungsverständnis

Die Gestaltung lernunterstützender Interaktionen im Kita-Alltag hängt nicht nur von den Kompetenzen der Fachkräfte ab (▶ Kap. 3.3.), sondern auch von ihrem Bildungsverständnis. Die Vorstellung davon, wie Kinder lernen und welche Rolle den Erwachsenen in diesem Lernprozess zukommt, beeinflusst maßgeblich das professionelle Handeln und die Interaktionsgestaltung (König, 2007). In der Frühpädagogik lassen sich drei Varianten (Bildungskonzepte) finden. Der *Selbstbildungs*-Ansatz versteht Lernen als eigenaktiven und konstruktiven Prozess des Kindes, der nur indirekt (z. B.

---

1 [1] Individuelles und intuitives Wissen (oder auch subjektive Theorien) zu einem Phänomen oder Sachverhalt (z. B. Behrensen, Gläser & Solzbacher, 2015); [2] Hierunter fallen strukturelle Merkmale (z. B. Schicht, Sprache, Kultur, Bildungsnähe) sowie Prozessmerkmale der Erziehung und Sozialisation, welche sich auf die Gestaltung des häuslichen Lernumfelds auswirken (Schrader & Helmke, 2008); [3] z. B. regionaler Kontext (z. B. Bundesland) oder kulturelle Faktoren; [4] z. B. Art der Bildungsinstitution, pädagogisches Konzept, Gruppenzusammensetzung und -klima.

durch die Gestaltung der Lernumwelt) durch Erwachsene angestoßen werden kann (Drieschner, 2010). Der Ansatz der *Ko-Konstruktion* betont, dass Wissen und Wirklichkeit in der sozialen Interaktion konstruiert werden, Kinder also maßgeblich durch den Austausch und durch Aushandlungsprozesse mit anderen lernen (Drieschner, 2010). Diese beiden Perspektiven werden durch den Ansatz der *Instruktion* ergänzt, welcher die Rolle des Lehrenden im kindlichen Lernprozess betont. Die Fachkraft wählt hierbei die Lernziele, gestaltet die Lernumgebung und unterstützt die Lernschritte der Kinder »unter bestmöglicher Ausschöpfung ihres Lern- und Entwicklungspotentials« (König, 2009, S. 87).

Nachdem lange kontrovers diskutiert wurde, welche Art der Bildungsbegleitung die »richtige« für die Kita ist, wird inzwischen gefordert, die unterschiedlichen Bildungskonzepte nicht als unvereinbar darzustellen, sondern diese sinnvoll zu verbinden, um Kinder adaptiv, d. h. ihren individuellen Voraussetzungen entsprechend, anzuregen und zu unterstützen (König, 2009; Schelle, 2011).

Reflexionsfragen

- Welches Bildungsverständnis präferieren Sie und warum?
- Welche Vor- und Nachteile sehen Sie, wenn Fachkräfte im Freispiel mitspielen und Einfluss auf das kindliche Handeln nehmen?

3.2.3 Studien zur Lernunterstützung in Kitas

Die Umsetzung lernunterstützender Fachkraft-Kind-Interaktionen ist eine anspruchsvolle Aufgabe (z. B. Möller, 2018). (Inter-)Nationale Studien zeigen, dass Fachkräfte alltägliche Interaktionen noch zu selten nutzen, um kindliche Lernprozesse optimal anzuregen und zu unterstützen; insbesondere das Potenzial kognitiv aktivierender Impulse wird im Kita-Alltag noch nicht ausgeschöpft

(Kluczniok & Roßbach, 2014; König, 2009; Mackowiak et al., 2015; Mackowiak & Wadepohl, 2017; Pianta, 2016; Suchodoletz et al., 2014; Sylva et al., 2017; Tietze et al., 2012; Tournier, 2016; Wadepohl, 2016; Wadepohl, Mackowiak, Fröhlich-Gildhoff & Weltzien, 2017; Wildgruber, Wirts & Wertfein, 2014). In spezifischen (z. B. naturwissenschaftlichen) Bildungsangeboten gelingt der Einsatz kognitiv-aktivierender Interventionen häufiger als in Freispielphasen (Hopf, 2012; Mackowiak et al., 2015).

Auch wenn in den letzten Jahren vermehrt Anstrengungen unternommen wurden, die (Interaktions-)Qualität in Kitas zu steigern (z. B. durch bundesweite Weiterqualifizierungsmaßnahmen oder die Einrichtung kindheitspädagogischer Studiengänge), lassen sich die Erfolge noch nicht eindeutig nachweisen (z. B. Kucharz et al., 2014; Tietze et al., 2012; Wadepohl et al., 2017). Zudem zeigen sich in vielen Studien enorme Kompetenzunterschiede zwischen Fachkräften (Barenthien, Lindner, Ziegler & Steffensky, 2018; Hopf, 2012). Daher bleibt eine am Kind orientierte, adaptive Begleitung und Förderung kindlicher Lern- und Entwicklungsprozesse für den Elementarbereich weiterhin ein relevantes Desiderat (Weltzien, Fröhlich-Gildhoff, Wadepohl & Mackowiak, 2017).

3.3 Möglichkeiten der Umsetzung im Kita-Alltag

Um Fachkraft-Kind-Interaktionen lernunterstützend und kognitiv anregend gestalten zu können, müssen Lernanlässe im Alltag entdeckt, kindliche Voraussetzungen erkannt, die Lernumgebungen passend gestaltet und das Förderhandeln auf die Bedürfnisse und Fähigkeiten der Kinder abgestimmt werden (z. B. Werner, 2009). Für diese Art der adaptiven Lernunterstützung sind (neben dem o. g. Bildungsverständnis) sowohl diagnostische als auch Förderkompetenzen der Fachkraft gefragt; je nach Lerngegenstand und

3 Unterstützung kindlicher Lernprozesse

-prozess kann die Diagnostik der Interaktion vorausgehen oder in diese integriert sein (▶ Abb. 3.2).

Abb. 3.2: Wechselspiel zwischen diagnostischer und Förderkompetenz bei der Lernunterstützung

3.3.1 Diagnostische Perspektive

Die Erfassung kindlicher Voraussetzungen gilt als wichtiger Teil der Bildungsarbeit in Kitas:

> »Die geplante und überprüfbare Bildungsbegleitung jedes Kindes erfordert regelmäßiges Beobachten und die Reflexion über seinen erreichten Entwicklungsstand [...]. Hierzu gehört auch das Erkennen von Entwicklungsrisiken oder von besonderen Begabungen. Beobachtungsverfahren und eine systematische Dokumentation sind wichtige Methoden der Bildungsbegleitung.« (Niedersächsisches Kultusministerium, 2018, S. 33)

Die Bandbreite an Beobachtungsverfahren und -methoden, die in Kitas eingesetzt werden, ist groß (Kliche, Wittenborn & Koch, 2009; Roßbach & Weinert, 2008; ▶ Kap. 4 und 6). Besonders relevant ist die Erfassung des kindlichen *Entwicklungsstandes* in den einzelnen Bildungsbereichen, um die Lernunterstützung in der Zone der nächsten Entwicklung (Vygotsky, 1987) planen zu können.

> **Reflexionsfragen**
>
> ♦ Welche diagnostischen Verfahren/Methoden kennen bzw. nutzen Sie, um kindliche *Voraussetzungen* zu erfassen? Welche Vor- und Nachteile haben diese?
> ♦ Wie schätzen Sie Ihre Kompetenzen ein, subjektiv *bedeutsame Lernanlässe* zu erkennen; in welchen Situationen/Bildungsbereichen gelingt Ihnen das gut, in welchen weniger gut – warum?

Eine Möglichkeit, kognitiv anregende Interaktionen zu planen und diese im Anschluss zu reflektieren, um darauf aufbauend weitere lernunterstützende Interaktionen zu gestalten (▶ Abb. 3.2), bietet das Analyseraster (Material 1) im Online-Anhang (in Anlehnung an Born-Rauchenecker, Drexl & Weber, 2018; s. a. Hopf, 2012). Außerdem findet sich dort ein Fallbeispiel aus dem Kita-Alltag, anhand dessen das Analyseraster erprobt werden kann. Alternativ können auch eigene Beispiele aus der Praxis genutzt werden.

> **Übung 1: Kindliches Spiel beobachten und verstehen**
> **Ziel:** Analyse und Reflexion von Lernanlässen und kindlichen Voraussetzungen (Förderung der diagnostischen Kompetenz)
> **Material:** Material 1 (Ebene I. bis III.)

3.3.2 Förderperspektive

Eine kognitive anregende Lernunterstützung kann im Elementarbereich insbesondere durch zwei unterschiedliche Ansätze realisiert werden: zum einen durch das Scaffolding (van de Pol, Vol-

3 Unterstützung kindlicher Lernprozesse

man & Beishuizen, 2010; Wood, Bruner & Ross, 1976), zum anderen durch das Sustained shared thinking[2] (SST, Siraj-Blatchford et al., 2003). Beiden Ansätzen gemeinsam ist, dass sie grundsätzlich in allen Situationen des Kita-Alltags eingesetzt werden können und somit eine Form der alltagsintegrierten Förderung darstellen. Anlässe können sowohl von den Kindern als auch von der Fachkraft geschaffen werden. Voraussetzung für die Realisierung dieser beiden Ansätze ist ein fundiertes Wissen über die individuellen Voraussetzungen des jeweiligen Kindes, welches auf regelmäßiger Beobachtung (und ggfs. weiterer Diagnostik) beruht (► Abb. 3.3).

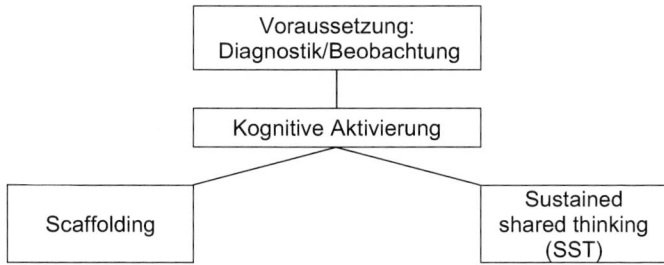

Abb. 3.3: Kognitive Aktivierung: Voraussetzung und zentrale Ansätze

Scaffolding

Der erste Ansatz, das Scaffolding, welcher ursprünglich in der frühen Eltern-Kind-Interaktion untersucht wurde (Wood al., 1976), beschreibt im pädagogischen Kontext eine (eher *instruktive*) Form der Lernunterstützung, bei der einerseits Lerninhalte so strukturiert werden, dass sie für die Kinder erfassbar sind (Komplexitätsreduktion), und andererseits durch kognitiv aktivierende Lernimpulse eine intensive Auseinandersetzung ermöglicht wird (Kleickmann, 2012; Möller, 2016). Die Fachkraft hat beim Scaffolding ein klares Ziel vor Augen, das entweder von ihr oder dem Kind formuliert

---

2 Gemeinsam geteiltes Denken.

3.3 Möglichkeiten der Umsetzung im Kita-Alltag

wird (z. B. einen Turm bauen, ein Puzzle legen), und bietet dem Kind ein Gerüst (»scaffold«) bei der Erreichung dieses Ziels. Auf der Basis einer kontinuierlichen Beobachtung des jeweiligen Kindes im Alltag kann die Fachkraft einschätzen, wann welche Hilfestellungen notwendig sind und wann sie sich aus dem kindlichen Lernprozess zurückziehen und die Verantwortung an das Kind geben kann (Grimm, Robisch & Möller, 2018).

Kasten 3.1: Scaffolding

Definition: Eine Form der Lernunterstützung, bei der die Fachkraft ein an die kindlichen Fähigkeiten und Bedürfnisse angepasstes Gerüst (»scaffold«) liefert (adaptiv: »so viel Unterstützung wie nötig und so wenig wie möglich«)

Handlungsleitende Intentionen

- Interesse des Kindes gewinnen und aufrechterhalten
- Alternativen reduzieren
- Aufmerksamkeit lenken
- Relevante Aspekte hervorheben, um die Diskrepanz zwischen Ausgangs- und Ziel-Zustand zu verdeutlichen
- Demonstrieren, veranschaulichen
- Motivieren und Emotionen regulieren

Strategien, z. B.

- Fragen
- Hinweise geben
- Erklären
- Anweisen
- Vormachen, zeigen
- Rückmeldung geben

(van de Pol et al., 2010; Wood et al., 1976)

3 Unterstützung kindlicher Lernprozesse

Sustained shared thinking (SST)

Der zweite Ansatz zur kognitiven Aktivierung ist das Sustained shared thinking (SST; Siraj-Blatchford et al., 2003). Er beschreibt einen *ko-konstruktiven* Prozess, bei dem es ebenfalls um Problemlösungen bzw. um die Klärung von Sachverhalten geht. Häufig stehen Themen im Mittelpunkt, welche die Kinder aktuell beschäftigen. Im Unterschied zum Scaffolding tragen Fachkraft und Kinder gleichberechtigt zur Interaktion bei und bringen ihre Ideen und Sichtweisen ein. Dieser Prozess ist in seiner Zielsetzung offener; am Anfang eines Dialogs ist nicht klar, in welche Richtung sich dieser entwickeln wird, und das Thema kann sich im Verlauf der Interaktion verändern. Beim SST findet die Diagnostik direkt während der Interaktion statt. Indem alle Beteiligten ihre Ideen einbringen, werden unterschiedliche Vorstellungen und Präkonzepte offenkundig und können gemeinsam diskutiert, hinterfragt und weiterentwickelt werden (z. B. Hopf, 2012).

Kasten 3.2: Sustained shared thinking (SST)

Definition: Eine Form der Lernunterstützung, bei der Fachkraft und Kind(er) gleichberechtigt (ko-konstruktiv) Themen diskutieren, Konzepte klären, Gedanken und Vorstellungen weiterentwickeln, Probleme lösen o. ä.

Handlungsleitende Intentionen

- Interesse an kindlichen Vorstellungen und Ideen zeigen
- Auf kindliche Gedanken und Aktivitäten einlassen (Kinder verstehen wollen)
- Unterschiedliche Sichtweisen und Möglichkeiten erkunden, prüfen, in Frage stellen und weiterentwickeln
- Gemeinsame Lösungsalternativen und Handlungsoptionen erarbeiten und diskutieren

3.3 Möglichkeiten der Umsetzung im Kita-Alltag

Strategien, z. B.

- Fragen des Kindes würdigen
- Verständnis sichern
- Wertschätzung signalisieren
- Erkenntnisinteresse zeigen und anregen
- Offene Fragen stellen
- Zustimmen und erweitern
- Zum Nachdenken anregen (Gedanken des Kindes verbalisieren/weiterdenken)
- Kontraposition einnehmen
- Eigene Denkprozesse sichtbar machen (lautes Denken)
- Eigene Vermutungen aufstellen

(Hildebrandt & Dreier, 2014; Hopf, 2012; König, 2009, 2012; Siraj-Blatchford et al., 2003)

Um kognitiv anregende Situationen zu gestalten, bedarf es etwas Übung. Daher kann es zu Beginn hilfreich sein, sich auf der Basis kindlicher Voraussetzungen (Präkonzepte, Fähigkeiten, Interessen) bestimmte Situationen bzw. Lernanlässe zu überlegen, um in diesen einen Scaffolding-Prozess zu initiieren und dabei ein weder über- noch unterforderndes Maß an Unterstützung zu finden. Beim SST geht es vor allem darum, offen für die kindlichen Gedanken und Vorstellungen zu sein und diese verstehen zu wollen. Hier ist die Fachkraft gefordert, sich auf den Prozess einzulassen, kein Ziel vorzugeben und mit dem Kind gemeinsam neue Gedanken und Ideen zu entwickeln.

3 Unterstützung kindlicher Lernprozesse

Reflexionsfragen

- Was tun Sie in Ihrem beruflichen Alltag bzw. was könnten Sie tun, um Interaktionen mit Kindern kognitiv anregend zu gestalten?
- Welcher der beiden Ansätze (*Scaffolding* oder *SST*) liegt Ihnen näher – warum?
- Welche Themen/Aktivitäten im Kita-Alltag sind aus Ihrer Sicht geeignet, um
  a) einen Scaffolding-Prozess oder
  b) einen SST-Prozess zu initiieren – warum?

Zur weiteren Vertiefung dieser Themen finden sich im Online-Anhang Beispieldialoge, wie Scaffolding- und SST-Prozesse gestaltet werden könnten (Material 2). Außerdem gibt es verschiedene Übungen zur Planung und Gestaltung solcher kognitiv anregenden Dialoge im Kita-Alltag.

Übung 2: Lernunterstützende Spielbegleitung planen

Übung 3: Scaffolding- und SST-Dialoge zuordnen

Übung 4: Kognitiv anregende Dialoge entwickeln
Ziel: Kognitiv anregende Dialoge in Form von Scaffolding oder SST planen, zuordnen und gestalten
Material: Material 1 (IV. und evtl. V.) und Material 2

Entscheidend bei der Gestaltung kognitiv anregender Scaffolding- und SST-Prozesse ist nicht, dass sie auf Anhieb gelingen; vielmehr zählt die Bereitschaft, neue Strategien zur kognitiven Anregung auszuprobieren und die Verantwortung für den Lernprozess auch in die Hände der Kinder zu geben. Wenn Kinder merken, dass sie und ihre Ideen ernst genommen werden, werden sie sich zunehmend einbringen und ihrerseits Neugier und Interesse (intrinsische Motivation) entwickeln; dies sind die besten Voraussetzungen für lebenslanges Lernen (Krapp, 2000; Lichtblau & Werning, 2012). Lernunterstützende, kognitiv anregende Interaktionen stellen zwar eine Herausforderung dar, können sich jedoch als Entwicklungschance sowohl für die Kinder (Anregung von Lern- und Bildungsprozessen) als auch für die professionell handelnden Fachkräfte (Erweiterung fachlicher Kompetenz) erweisen. Nicht umsonst werden diese Interaktionen als »pädagogische Glücksmomente« (König, 2010, S. 68) im Kita-Alltag beschrieben.

Literatur

Anders, Y. (2013). Stichwort: Auswirkungen frühkindlicher institutioneller Betreuung und Bildung. Zeitschrift für Erziehungswissenschaft, 16(2), 237–275.

Barenthien, J., Lindner, M. A., Ziegler, T. & Steffensky, M. (2018). Exploring preschool teachers' science-specific knowledge. Early Years, 109(3), 1–16.

Behrensen, B., Gläser, E. & Solzbacher, C. (2015). Individuelle Förderung in der Grundschule: Eine bedeutsame Aufgabe aller Fachdidaktiken. In B. Behrensen, E. Gläser & C. Solzbacher (Hrsg.), Fachdidaktik und individuelle Förderung in der Grundschule. Perspektiven auf Unterricht in heterogenen Lerngruppen (S. 1–10). Baltmannsweiler: Schneider Verlag Hohengehren.

Betz, T., Koch, K., Mehlem, U. & Nentwig-Gesemann, I. (2016). Strukturwandel im Elementarbereich. Herausforderungen für pädagogische Fachkräfte und Organisationen am Beispiel des Umgangs mit Sprachförderung und Bildungsplänen. In K. Liebers, B. Landwehr, S. Reinhold, S. Riegler & R. Schmidt (Hrsg.), Facetten grundschulpädagogischer und -didaktischer Forschung (S. 115–130). Wiesbaden: Springer.

Born-Rauchenecker, E., Drexl, D. & Weber, K. (2018). Ausbildungsbeispiel: Frühe naturwissenschaftliche Bildung alltagsintegriert umsetzen – ein Unterrichtskonzept. In Deutsches Jugendinstitut/Weiterbildungsinitiative Frühpädagogische Fachkräfte (Hrsg.), Frühe naturwissenschaftliche Bildung. Grundlagen für die kompetenzorientierte Weiterbildung (WiFF Wegweiser Weiterbildung, Bd. 13, S. 132–142). München: Deutsches Jugendinstitut.

Camilli, G., Vargas, S., Ryan, S. & Barnett, W. S. (2010). Meta-analysis of the effects of early education interventions on cognitive and social development. Teachers College Record, 112(3), 579–620.

Deutsches Pisa-Konsortium (Hrsg.) (2001). PISA 2000. Basiskompetenzen von Schülerinnen und Schülern im internationalen Vergleich. Opladen: Leske + Budrich.

Drieschner, E. (2010). Bildung als Selbstbildung oder Kompetenzentwicklung? Zur Ambivalenz von Kind- und Kontextorientierung in der pädagogischen Bildungsdebatte. In D. Gaus & E. Drieschner (Hrsg.), ›Bildung‹; jenseits pädagogischer Theoriebildung? Fragen zu Sinn, Zweck und Funktion der Allgemeinen Pädagogik (S. 183–220). Wiesbaden: VS.

Fauth, B. & Leuders, T. (2018). Kognitive Aktivierung im Unterricht. Verfügbar unter: https://www.schulportfolio-online.de/gymrut/_media/portfolio:unterricht:unterricht:wirksamer_unterricht_-_band_2_fauth_leuders_2018_kognitive_aktivierung.pdf.

Fthenakis, W. E., Gisbert, K., Griebel, W., Kunze, H. R., Niesel, R. & Wustmann, C. (2007). Auf den Anfang kommt es an: Perspektiven für eine Neuorientierung frühkindlicher Bildung (Bd. 16). Berlin: Bundesministerium für Bildung und Forschung.

Grimm, H., Robisch, C. & Möller, K. (2018). Förderung hypothesenbezogener Schlussfolgerungen im naturwissenschaftlichen Sachunterricht durch gezieltes Scaffolding – Gelingt dies unter Feldbedingungen? Zeitschrift für Grundschulforschung, 11(2), 349–363.

Hardy, I. & Steffensky, M. (2014). Prozessqualität im Kindergarten: Eine domänenspezifische Perspektive. Unterrichtswissenschaft, 42(2), 101–116.

Hattie, J., Biggs, J. & Purdie, N. (1996). Effects of learning skills interventions on student learning: A meta-analysis. Review of Educational Research, 66 (2), 99–136.

Helmke, A. (2012). Unterrichtsqualität und Lehrerprofessionalität: Diagnose, Evaluation und Verbesserung des Unterrichts. Seelze: Klett-Kallmeyer.

Hildebrandt, F. & Dreier, A. (2014). Was wäre, wenn…? Fragen, nachdenken und spekulieren im Kita-Alltag. Weimar, Berlin.

Hopf, M. (2012). Sustained Shared Thinking im frühen naturwissenschaftlich-technischen Lernen. Münster: Waxmann.

Kleickmann, T. (2012). Kognitiv aktivieren und inhaltlich strukturieren im naturwissenschaftlichen Sachunterricht. Handreichungen des Programms SINUS an Grundschulen. Verfügbar unter: http://sinus-an-grundschulen.de/fileadmin/uploads/Material_aus_SGS/Handreichung_Kleickmann.pdf.

Klieche, T., Wittenborn, C. & Koch, U. (2009). Was leisten Entwicklungsbeobachtungen in Kitas? Eigenschaften und Verbreitung verfügbarer Instrumente. Praxis der Kinderpsychologie und Kinderpsychiatrie, 58(6), 419–433.

Klieme, E. (2006). Empirische Unterrichtsforschung: Aktuelle Entwicklungen, theoretische Grundlagen und fachspezifische Befunde. Einführung in den Thementeil. Zeitschrift für Pädagogik, 52(6), 765–773.

Kluczniok, K. & Roßbach, H.-G. (2014). Conceptions of educational quality for kindergartens. Zeitschrift für Erziehungswissenschaft, 17(6), 145–158.

König, A. (2007). Dialogisch-entwickelnde Interaktionsprozesse als Ausgangspunkt für die Bildungsarbeit im Kindergarten. bildungsforschung, 4(1), 1–21.

König, A. (2009). Interaktionsprozesse zwischen ErzieherInnen und Kindern. Eine Videostudie aus dem Kindergartenalltag. Wiesbaden: VS.

König, A. (2010). Ein ernsthafter Gedankenaustausch mit Kindern fordert uns heraus. Dr. Anke König, Frühpädagogin an der Hochschule Vechta, im Gespräch. In C. Koop, I. Schenker, G. Müller & S. Welzien (Hrsg.), Begabung wagen. Ein Handbuch für den Umgang mit Hochbegabung in Kindertagesstätten (S. 67–69). Weimar: Verlag das Netz.

König, A. (2012). Vom Dialog zur Intersubjektivität. Lernen in sozialer Interaktion. In C. Förster, E. Hammes-Di Bernardo & M. Wünsche (Hrsg.), Dialog gestalten. Kommunikation im pädagogischen Kontext (S. 16–23). Weimar: Verlag das Netz.

Kramarski, B. & Mevarech, Z. R. (2003). Enhancing mathematical reasoning in the classroom: The effects of cooperative learning and metacognitive training. American Educational Research Journal, 40(1), 281–310.

Krapp, A. (2000). Individuelle Interessen als Bedingung lebenslangen Lernens. In F. Achtenhagen & W. Lempert (Hrsg.), Lebenslanges Lernen im Beruf – seine Grundlegung im Kindes- und Jugendalter (S. 54–75). Wiesbaden: VS.

Kucharz, D., Mackowiak, K., Ziroli, S., Kauertz, A., Rathgeb-Schnierer, E. & Dieck, M. (Hrsg.) (2014). Professionelles Handeln im Elementarbereich (PRIMEL). Eine deutsch-schweizerische Videostudie. Münster: Waxmann.

Leuchter, M. (2014). Anschlussfähige Bildungskonzepte für pädagogische Fachkräfte und Grundschullehrpersonen. In A. Schmitt, G. Mey, A. Schwentesius & R. Vock (Hrsg.), Mathematik und Naturwissenschaften anschlussfähig gestalten (S. 29–42). Köln: Carl Link.

Lichtblau, M. & Werning, R. (2012). Interessenentwicklung von Kindern aus soziokulturell benachteiligten Familien im Übergang vom Kindergarten zur Schule. In K. Fröhlich-Gildhoff, I. Nentwig-Gesemann & H. Wedekind (Hrsg.), Forschung in der Frühpädagogik Band 5. Schwerpunkt: Naturwissenschaftliche Bildung – Begegnung mit Dingen und Phänomenen (S. 211–244). Freiburg: FEL.

Mackowiak, K., Kucharz, D., Ziroli, S., Wadepohl, H., Billmeier, U. & Bosshart, S. et al. (2015). Anregung kindlicher Lernprozesse durch pädagogische Fachkräfte in Deutschland und der Schweiz im Freispiel und in Bildungsangeboten. In A. König, H. R. Leu & S. Viernickel (Hrsg.), Frühpädagogik im Aufbruch – Forschungsperspektiven auf Professionalisierung (S. 163–178). Weinheim: Juventa.

Mackowiak, K. & Wadepohl, H. (2017). Gestaltung von Fachkraft-Kind-Interaktionen im Kita-Alltag – Aktuelle Trends und Perspektiven. In I. Nentwig-Gesemann & K. Fröhlich-Gildhoff (Hrsg.), Forschung in der Frühpädagogik X – Zehn Jahre frühpädagogische Forschung – Bilanzierungen und Reflexionen (S. 229–250). Freiburg: FEL.

Mashburn, A. J., Pianta, R. C., Hamre, B. K., Downer, J. T., Barbarin, O., Bryant, D., Burchinal, M., Early, D. M. & Howes, C. (2008). Measures of classroom quality in prekindergarten and children's development of academic, language, and social skills. Child Development, 79(3), 732–749.

Möller, K. (2016). Bedingungen und Effekte qualitätsvollen Unterrichts – Ein Beitrag aus fachdidaktischer Perspektive. In N. McElvany, W. Bos, H. Holtappels, M. Gebauer & F. Schwabe (Hrsg.), Bedingungen und Effekte guten Unterrichts (S. 43–64). Münster: Waxmann.

Möller, K. (2018). Die Bedeutung von Schülervorstellungen für das Lernen im Sachunterricht. In M. Adamina, M. Kübler, K. Kalcsics, S. Bietenhard & E. Engeli (Hrsg.), ›Wie ich mir das vorstelle und denke...‹ Vorstellungen von Schülerinnen und Schülern zu Lerngegenständen des Sachunterrichts und des Fachbereichs Natur, Mensch, Gesellschaft (S. 35–50). Bad Heilbrunn: Klinkhardt.

Nentwig-Gesemann, I., Fröhlich-Gildhoff, K. & Pietsch, S. (2011). Kompetenzentwicklung von FrühpädagogInnen in Aus- und Weiterbildung. Frühe Bildung, 0, 22–30.

Niedersächsisches Kultusministerium (2018). Orientierungsplan für Bildung und Erziehung im Elementarbereich niedersächsischer Tageseinrichtungen für Kinder. Verfügbar unter: https://www.mk.niedersachsen.de/startseite/fruhkindliche_bildung/orientierungsplan/orientierungsplan-fuer-bildung-und-erziehung-86998.html.

Pianta, R. C. (2016). Teacher-Student Interactions: Measurement, Impacts, Improvement and Policy. Policy Insights from the Behavioral and Brain Sciences, 3(1), 98–105.

Praetorius, A. K., Klieme, E., Herbert, B. & Pinger, P. (2018). Generic dimensions of teaching quality: the German framework of Three Basic Dimensions. Zeitschrift für Didaktik der Mathematik, 50(3), 407–426.

Renkl, A., Wittwer, J., Große, C., Hauser, S., Hilbert, T., Nückles, M. & Schworm, S. (2006). Instruktionale Erklärungen beim Erwerb kognitiver Fertigkeiten: Sechs Thesen zu einer oft vergeblichen Bemühung. In I. Hosenfeld & F.-W. Schrader (Hrsg.), Schulische Leistung. Grundlagen, Bedingungen, Perspektiven (S. 205–223). Münster: Waxmann.

Roßbach, H.-G. (2005). Effekte qualitativ guter Betreuung, Bildung und Erziehung im frühen Kindesalter auf Kinder und ihre Familien. In Sachverständigenkommission Zwölfter Kinder- und Jugendbericht (Hrsg.), Bildung, Erziehung und Betreuung von Kindern unter sechs Jahren (S. 55–174). München: Deutsches Jugendinstitut.

Roßbach, H.-G. & Weinert, S. (2008). Kindliche Kompetenzen im Elementarbereich: Förderbarkeit, Bedeutung und Messung. Berlin: Bundesministerium für Bildung und Forschung.

Sammons, P. (2010). Does pre-school make a difference? Identifying the impact of pre-school on children's cognitive and social behavioral development at different ages. In K. Sylva, E. Melhuish, P. Sammons, I. Siraj-Blatchford & B. Taggart (Eds.), Early childhood matters: Evidence from the Effective Pre-school and primary Education Project (pp. 92–113). Oxford: Routledge.

Schelle, R. (2011). Die Bedeutung der Fachkraft im frühkindlichen Bildungsprozess. Didaktik im Elementarbereich. Verfügbar unter: https://www.weiterbildungsinitiative.de/publikationen/detail/die-bedeutung-der-fachkraft-im-fruehkindlichen-bildungsprozess.

Schrader, F. W. & Helmke, A. (2008). Determinanten der Schulleistung. In M. K. W. Schweer (Hrsg.), Lehrer-Schüler-Interaktion (S. 285–302). Wiesbaden: VS.

Siraj-Blatchford, I., Sylva, K., Taggart, B., Sammons, P., Melhuish, E. C. & Elliot, K. (2003). The Effective Provision of Pre-School Education (EPPE) Project: Technical Paper 10 – Intensive Case Studies of Practice across the Foundation Stage. London: DfES/Institute of Education, University of London.

Sylva, K., Murkett, G., Mulhuish, E., Sammons, P., Siraj-Blatchford, I. & Taggart, B. (2017). Wirksame Lernunterstützung in der frühkindlichen Bildung und Betreuung. In M. Wertfein, A. Wildgruber & C. Wirts (Hrsg.), Interaktionen in Kindertageseinrichtungen (S. 35–46). Göttingen: Vandenhoeck & Ruprecht.

Tietze, W., Becker-Stoll, F., Bensel, J., Eckhardt, A. G., Haug-Schnabel, G., Kalicki, B., Keller, H. & Leyendecker, B. (2012). NUBBEK – Nationale Untersuchung zur Bildung, Betreuung und Erziehung in der frühen Kindheit. Fragestellungen und Ergebnisse im Überblick. Verfügbar unter: http://www.nubbek.de/media/pdf/NUBBEK%20Broschuere.pdf.

Tournier, M. (2016). Kognitiv anregende Fachkraft-Kind-Interaktionen im Elementarbereich: Eine qualitativ-quantitative Videostudie. Waxmann Verlag.

Van de Pol, J., Volman, M. & Beishuizen, J. (2010). Scaffolding in teacher–student interaction: A decade of research. Educational Psychology Review, 22 (3), 271–296.

von Suchodoletz, A., Fäsche, A., Gunzenhauser, C. & Hamre, B. K. (2014). A typical morning in preschool: Observations of teacher–child interactions in German preschools. Early Childhood Research Quarterly, 29(4), 509–519.

Vygotsky, L. S. (1987). Ausgewählte Schriften. Köln: Pahl-Rugenstein.

Wadepohl, H. (2016). Interaktionsgestaltung frühpädagogischer Fachkräfte in Kindertageseinrichtungen. Kumulative Dissertation, Leibniz Universität Hannover. Verfügbar unter: https://edocs.tib.eu/files/e01dh17/876760140.pdf.

Wadepohl, H., Mackowiak, K., Fröhlich-Gildhoff, K. & Weltzien, D. (Hrsg.) (2017). Interaktionsgestaltung in Familie und Kindertagesbetreuung. Wiesbaden: Springer.

Weltzien, D., Fröhlich-Gildhoff, K., Wadepohl, H. & Mackowiak, K. (2017). Interaktionsgestaltung im familiären und frühpädagogischen Kontext. Einleitung. In H. Wadepohl, K. Mackowiak, K. Fröhlich-Gildhoff & D. Weltzien (Hrsg.), Interaktionsgestaltung in Familie und Kindertagesbetreuung (S. 1–26). Wiesbaden: Springer.

Werner, B. (2009). Dyskalkulie – Rechenschwierigkeiten. Diagnose und Förderung rechenschwacher Kinder an Grund- und Sonderschulen. Stuttgart: Kohlhammer.

Wesselborg, B., Weyland, U. & Kleinknecht, M. (2019). Entwicklung eines fachdidaktischen Kategoriensystems zur Analyse des kognitiv-aktivierenden Potenzials von Aufgaben – ein Beitrag zur Unterrichtsqualitätsforschung in der beruflichen Fachrichtung Pflege. In E. Wittmann, D. Frommberger & U. Weyland (Hrsg.), Jahrbuch der berufs- und wirtschaftspädagogischen Forschung 2019 (S. 75–92). Opladen: Budrich.

Wildgruber, A., Wirts, C. & Wertfein, M. (2014). Ergebnisse aus dem BIKE-Projekt zur Interaktionsqualität in Kindertageseinrichtungen. In A. Prengel & U. Winklhofer (Hrsg.), Kinderrechte in pädagogischen Beziehungen. Kinderrechte in pädagogischen Beziehungen. Band 2: Forschungszugänge (S. 188–193). Leverkusen: Budrich.

Wood, D., Bruner, J. & Ross, G. (1976). The role of tutoring in problem solving. Journal of Child Psychology and Psychiatry and Allied Disciplines, 17(2), 89–100.

4

Kindliche Interessen im Fokus der Fachkraft-Kind-Interaktion

Michael Lichtblau

4.1 Relevanz des Themas und Zielsetzung

Der Alltag in Kindertagesstätten ist von kontinuierlicher Interaktion bestimmt. Diese findet unter unterschiedlichen inhaltlichen Fokussierungen statt und ist mehr oder weniger geplant und durch ein konkretes Ziel, das verfolgt wird, strukturiert. Dies gilt auch für Fachkraft-Kind-Interaktionen, die im Rahmen der alltagsintegrierten Unterstützung von Lern- und Bildungsprozes-

4 Kindliche Interessen im Fokus der Fachkraft-Kind-Interaktion

sen eine zentrale Rolle im pädagogischen Kita-Alltag einnehmen. Während Kapitel 3 des Bandes die theoretische Fundierung und praktische Umsetzung von kognitiv aktivierenden Fachkraft-Kind-Interaktionen thematisiert, richtet dieses Kapitel den Fokus auf die Bedeutung individueller Interessen von Kindern in lernunterstützenden Interaktionen. Denn umfangreiche Forschungsergebnisse belegen, dass kindliche Interessen einen hervorragenden Ansatzpunkt zur Förderung von Lernentwicklungsprozessen darstellen (Neitzel, Alexander & Johnson, 2016; Renninger, Bachrach & Hidi, 2019).

Dazu werden zunächst interessentheoretische Grundlagen und der Stand der Forschung vorgestellt. Weiterführend wird die Beobachtung von Interessen und ein Modell behandelt, das inhaltliche Orientierungen kindlicher Interessen unterscheidet. Abschließend werden Möglichkeiten der kognitiv anregenden, alltagsintegrierten Lernunterstützung auf Basis kindlicher Interessen dargestellt und anhand von Fallbeispielen praxisnah beschrieben.

Leitfragen

- Welche Merkmale charakterisieren kindliche Interessen und damit verbundene Handlungen des Kindes?
- Wie können Interessen inhaltlich unterschieden und differenziert beobachtet werden?
- Wie kann eine interessenbasierte Lernunterstützung im Rahmen von Fachkraft-Kind-Interaktionen gestaltet werden?

4.2 Zentrale Konzepte

4.2.1 Person-Gegenstands-Theorie des Interesses

Einen zentralen Stellenwert in der Forschung zum Thema Interesse nimmt die Person-Gegenstands-Theorie des Interesses ein (Krapp & Prenzel, 1992; Schiefele, 1983). Kindliche Interessen werden unter dieser theoretischen Perspektive als herausgehobene Beziehung des Kindes zu einem Gegenstand der Umwelt definiert (Krapp, 1998). Interesse steht somit für die »Vorliebe«, für das »gerichtet sein der Aufmerksamkeit« auf einen bestimmten Gegenstandsbereich der Umwelt (Pruisken, 2005, S. 6). Dabei können sich Interessen auf konkrete Objekte (z. B. Baumaschinen), auf Tätigkeiten (z. B. Musizieren) und auf spezifische Themenbereiche (z. B. die Tierwelt) beziehen. Interessenbasierte gegenstandsbezogene Handlungen des Kindes sind anhand dreier grundlegender Merkmale charakterisiert:

- *Subjektive Bedeutsamkeit:* Das Interesse und eine damit verbundene Handlung sind für das Kind von hoher individueller Relevanz und stellen einen wichtigen Bezugspunkt der selbstorganisierten Persönlichkeitsentwicklung dar (Renninger, 2009). Aufgrund der subjektiven Bedeutsamkeit beschäftigen sich Kinder selbstmotiviert mit dem Interessengegenstand.
- *Positive Valenz:* Die Auseinandersetzung mit dem Interessengegenstand führt zu positiven Emotionen. Aufgrund der hohen subjektiven Bedeutsamkeit sind entsprechende Handlungen aber auch frustrationstoleranter und Phasen negativer Emotionen (z. B. beim Erlernen eines Musikinstrumentes) werden erfolgreicher durchgestanden (Neitzel, 2004).
- *Erweiterung kognitiver Strukturen:* Interessenhandlungen haben das Ziel, gegenstandsbezogene Kompetenzen zu erweitern. Kinder wollen mehr über den Gegenstand erfahren, zeigen Neugier, experimentieren und variieren ihre Handlungen, um ihr Wissen

und ihre Fertigkeiten im Kontext des Interesses auszubauen (Peterson & Hidi, 2019).

Reflexionsfrage
Welche persönlichen Interessen haben Sie und können Sie diese drei grundlegenden Merkmale auch bei sich selbst feststellen?

Übung 1 (▶ Anhang) überträgt die Reflexionsaufgabe in den Kita-Alltag und richtet die Perspektive nun auf die Kinder in der Einrichtung.

Übung 1: Reflexion der Person-Gegenstands-Theorie des Interesses
Ziel: Übertragung der theoretischen Grundpositionen der Person-Gegenstands-Theorie des Interesses auf konkrete Fallbeispiele des pädagogischen oder privaten Alltags.
Material: –

Unter *Entwicklungsperspektive* werden in der Person-Gegenstands-Theorie situationale und individuelle Interessen unterschieden (vgl. Krapp, 2002). Situationales Interesse bezieht sich auf ein konkretes situatives Geschehen, z. B. im Rahmen eines individuellen Förderangebotes für ein Kind. Gegenstandsauseinandersetzungen, die auf situationalen Interessen beruhen, sind zeitlich begrenzt und fokussieren Gegenstände oder Themen, die bisher unbekannt waren, aber einen Anreiz bieten, sich mit ihnen über einen längeren Zeitraum aufmerksam zu beschäftigen. Individuelles Interesse entsteht nach einiger Zeit durch wiederholte Auseinandersetzung mit einem Gegenstand auf Basis situationalen Interesses und kann als dauerhafte Persönlichkeitsdisposition interpretiert werden. Der Interessengegenstand und seine Anreizbedingungen sind nun soweit internalisiert, dass die Person selbstständig die Auseinandersetzung sucht und sich intrinsisch motiviert mit ihm beschäftigt.

4.2 Zentrale Konzepte

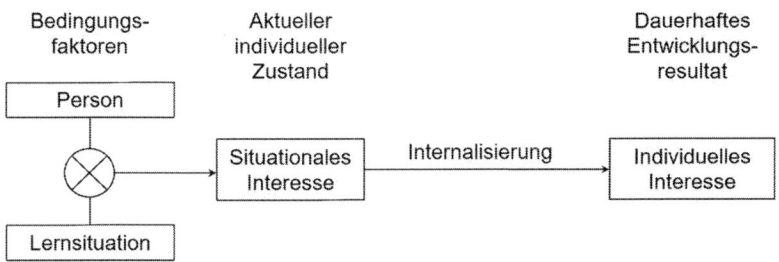

Abb. 4.1: Rahmenmodell der Interessengenese (Krapp, 1998, S. 191)

Sowohl das situationale als auch das individuelle Interesse sind für die frühpädagogische Förderung relevant, da durch eine gelungene Fachkraft-Kind-Interaktion ein situationsspezifischer, motivationaler Zustand hervorgehen kann, der die Entstehung eines individuellen Interesses als dauerhaftes Entwicklungsresultat anregen kann.

> **Übung 2: Fallbeispiele für situationales und individuelles Interesse**
> **Ziel:** Übertragung der theoretischen Grundlagen zu situationalem und individuellem Interesse auf konkrete Fallbeispiele im pädagogischen Alltag.
> **Material:** –

4.2.2 Forschungsergebnisse zur Entwicklung und Förderung kindlicher Interessen

Bereits in der frühen Kindheit entstehen Interessen durch die Interaktion des Kindes mit seiner Umwelt (DeLoache, Simcock & Macari, 2007). Forschungsstudie belegen, dass Kinder bereits im Alter von zwei bis drei Jahren beginnen, erste individuelle Interessen auszuformen (z. B. DeLoache et al., 2007). Im weiteren Verlauf der frühkindlichen Entwicklung werden diese dann in der Auseinandersetzung mit der Umwelt ausdifferenziert und bekommen im Kontext von Kind-Umwelt-Interaktionen eine wichtige strukturierende Funktion, indem sie die selektive Wahrnehmung und Aufmerksamkeit zielgerichtet beeinflussen (Hidi & Renninger, 2019). Eine erfolgreiche frühkindliche Interessenentwicklung ist zudem vom Anregungsreichtum und den spezifischen Unterstützungsbedingungen in den für das Kind relevanten Mikrosystemen (u. a. Familie, Kita, Schule) abhängig. So konnte durch das Interessen-Genese-Projekt von Kasten und Krapp (1986) gezeigt werden, dass die Interessenentwicklung im frühen Kindesalter maßgeblich durch die »Wechselwirkungen zwischen materiell-ökologischen, sozial-institutionellen sowie zwischenmenschlichen Bedingungsfaktoren« (Kasten, 1991, S. 204) beeinflusst wird. Entsprechende Wirkfaktoren lassen sich sowohl im Elternhaus als auch in der Kita und Schule finden. Als wichtiger Faktor für die Entwicklung von Interessen wurde im Interessen-Genese-Projekt die Stabilität pädagogisch bedeutsamer Umweltbedingungen, in Elternhaus und Kita, herausgestellt. Dem familiären Anregungsreichtum kommt dabei eine herausgehobene Bedeutung zu; er hat den größten Einfluss auf die Entwicklung individueller Interessen. Die Kita wiederum übernimmt gerade dann eine sehr wichtige kompensatorische Funktion, wenn familiäre Bedingungen (z. B. aufgrund sozioökonomischer Belastungen) wenig Unterstützung bei der Entwicklung von Interessen leisten oder diese sogar behindern (Lichtblau, 2014). Die Gestaltung der pädagogischen Settings in Kitas bietet Kindern insgesamt gute Voraussetzungen, Interessen zu entwickeln und diesen nachzugehen. Ausgedehnte Freispielphasen, eine anregende materielle und räumliche Gestaltung und die Möglichkeit, Interessen in Interaktion mit Peers ausleben zu können, wirken positiv auf die Interessenentwicklung (Lichtblau, 2013). Die (Lern-)Umweltbedingungen in Schulen sind im Vergleich dazu weniger anregend gestaltet und individuelle Interessen werden selten gezielt in die Vermittlung von Lerninhalten einbezogen (u. a. Lichtblau, Thoms & Werning, 2013; Upmeier zu Belzen, Vogt, Wieder & Christen, 2002; Wieder, 2010).

> **Reflexionsfrage**
> Wenn Sie an die räumliche und materielle Gestaltung in Ihrer Kita denken, wie schätzen Sie dort die Anregungsqualität ein und welche Möglichkeiten bieten sich dort den Kindern, ihren unterschiedlichen Interessen nachzugehen und diese allein oder gemeinsam mit anderen Kindern auszuleben?

4.2.3 Forschungsergebnisse zum Einfluss von Interessen auf die (Lern-)Entwicklung

Gerade in Anbetracht der Vielzahl von wissenschaftlichen Untersuchungen, die Wirkweisen von Interessen im Kontext von Lern- und Bildungsprozessen beschreiben, ist der geringe Einbezug von Interessen in schulische Lernprozesse ein kritischer Befund. Denn in unterschiedlichen Bereichen (u. a. Sprache, Sozialkompetenz, schulische Vorläuferfähigkeiten) konnten Studien positive Effekte auf die Lernleistung nachweisen, wenn die Interessen von Kindern gezielt in die Vermittlung einbezogen wurden. (u. a. Doctoroff, Fisher, Burrows & Edman, 2016; Hume, Allan & Lonigan, 2016). Inhalte interessenbasierter Lernvorgänge werden effizienter und nachhaltiger gelernt, da elaboriertere Lernstrategien angewandt und neue Informationen mit bereits vorhandenem interessenbezogenen Wissen verknüpft werden (Alexander, Johnson & Kelley, 2012). Interessengestütztes Lernen fördert zudem die intrinsisch motivierte Auseinandersetzung mit Lerngegenständen und positive Emotionen führen zu einer intensiveren und frustrationstoleranteren Aufgabenbearbeitung (Neitzel, 2004). Diese positiven Effekte werden sowohl dem individuellen als auch dem situationalen Interesse zugeschrieben. Während sich das individuelle Interesse besonders positiv auf die Aufmerksamkeit, die Wiedererkennung und die Ausdauer auswirkt, nimmt situationales Interesse speziell Einfluss auf die kognitive Leistung, wie z. B. das Leseverständnis (Neitzel, 2004).

4 Kindliche Interessen im Fokus der Fachkraft-Kind-Interaktion

Reflexionsfrage
Wenn Sie Ihre Erfahrungen aus dem Kita-Alltag reflektieren, können Sie Fallbeispiele oder konkrete Beobachtungen benennen, die den Ausführungen der Forschungsergebnisse zum positiven Einfluss von Interessen auf die (Lern-)Entwicklung entsprechen?

4.3 Möglichkeiten der Umsetzung im Kita-Alltag

Nach der Einführung in theoretische und empirische Perspektiven zum Thema soll in diesem Abschnitt herausgearbeitet werden, warum im Kita-Alltag die Fokussierung kindlicher Interessen in kognitiv aktivierenden Fachkraft-Kind-Interaktionen sinnvoll erscheint. In Kapitel 3 dieses Bandes wurden zentrale Konzepte lernunterstützender Fachkraft-Kind-Interaktionen bereits eingeführt, sodass grundlegende Kenntnisse dazu vorausgesetzt werden. Die folgenden Darstellungen beziehen sich deshalb auf die Beobachtung und Förderung von situationalen und individuellen Interessen im Kontext lernunterstützender Fachkraft-Kind-Interaktionen.

4.3.1 Diagnostische Perspektive

Um eine interessenbasierte, kognitiv aktivierende Fachkraft-Kind-Interaktion im Kita-Alltag kompetent und erfolgreich durchführen zu können, sind genaue Kenntnisse über die individuellen Interessen der Kinder erforderlich. Daher behandelt der folgende Abschnitt zunächst die Beobachtung kindlicher (Haupt-)Interessen und beschreibt deren strukturierende Funktion im Kontext der Kind-Umwelt-Interaktion.

4.3 Möglichkeiten der Umsetzung im Kita-Alltag

Inhaltliche Orientierung kindlicher Interessen

Als Grundlage zur Gestaltung kognitiv aktivierender Fachkraft-Kind-Interaktion ist insbesondere die inhaltliche Orientierung des kindlichen Interesses bedeutsam und sollte auf Basis von alltagsintegrierten Beobachtungen gezielt analysiert werden. Die inhaltliche Orientierung kann sich im Sinne eines Gegenstandsbezuges auf bestimmte Objekte, Tätigkeiten und Themen (Krapp, 2002) beziehen. Darüber hinaus können kindliche Interessen aber auch auf inhaltliche Bereiche der Umwelt fokussiert sein und in vier Teilbereiche kategorisiert werden (► Abb. 4.2).

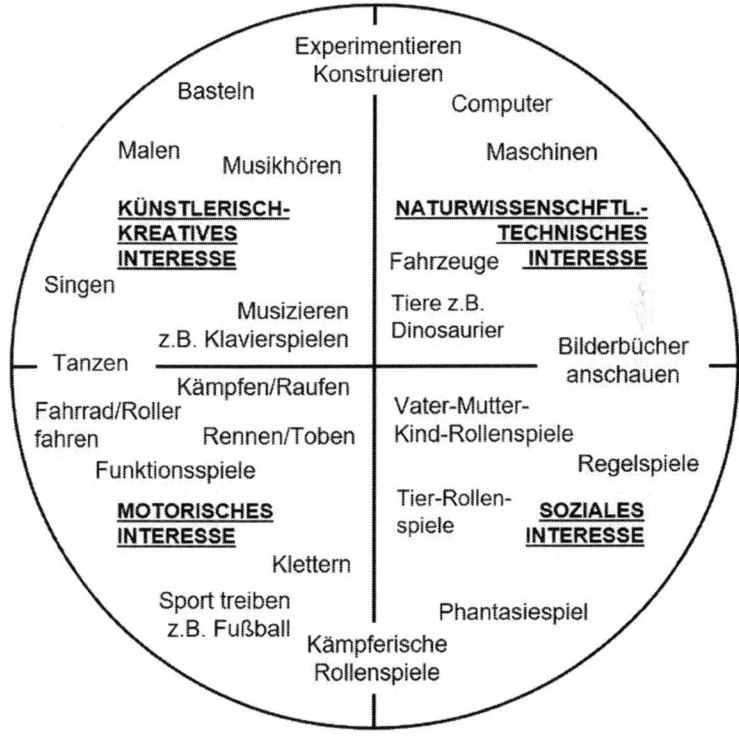

Abb. 4.2: Kategorien kindlicher Interessen im Kindergarten und im Übergang zur Schule (Lichtblau & Werning, 2012, S. 225)

Die Interessenkategorien stellen in diesem Modell inhaltlich unterscheidbare Teilbereiche der kindlichen Umwelt dar und beschreiben bespielhaft Interessengegenstände und -handlungen, mit denen sich Kinder im Kindergartenalter in diesen Bereichen auseinandersetzen (vgl. Lichtblau & Werning, 2012).

- *Künstlerisch-kreatives Interesse:* Diese Kategorie umfasst kindliche Interessen im gestalterischen Bereich (z. B. Malen oder Basteln) und im darstellenden und musikalischen Bereich (z. B. Theaterspiel, Singen, Klavierspielen).
- *Naturwissenschaftlich-technisches Interesse:* Unter diese Kategorie fallen Interessen, die sich auf Themen und Inhalte der Natur beziehen (z. B. Tierwelt), und der technische Bereich (z. B. Fahrzeuge).
- *Motorisches Interesse:* In dieser Kategorie finden sich Interessen, die bewegungsorientiert gestaltet sind (z. B. Fußballspielen oder Turnen) und in deren Kontext die Auseinandersetzung mit den individuellen körperlichen Fähigkeiten gesucht wird.
- *Soziales Interesse:* Unter diese Kategorie werden Interessen subsummiert, deren Zielperspektive sich auf die soziale Interaktion mit anderen Kindern oder Erwachsenen richtet (z. B. Rollenspiele).

Zudem sind an den Übergängen der Bereiche Interessengegenstände aufgeführt, die Anteile aus den jeweils angrenzenden Bereichen miteinander vereinen. Richten sich die Interessen eines Kindes speziell auf Objekte, Tätigkeiten oder Themen (Krapp, 2002) in einem dieser Bereiche, zeigt sich dadurch ein individuelles Hauptinteresse des Kindes. Natürlich wird dieses Kind sich auch mit Objekten, Tätigkeiten oder Themen anderer Bereiche beschäftigen. Jedoch werden auch diese (situationalen) Interessenhandlungen häufig durch das Hauptinteresse inhaltlich beeinflusst und strukturiert. Zur Veranschaulichung dieser Perspektive zwei kurze Fallbeispiele (Lichtblau, 2018):

4.3 Möglichkeiten der Umsetzung im Kita-Alltag

* *Fallbeispiel 1 »Soziales Interesse«:* Ein Kind mit einem sozialen Hauptinteresse, das mit großer Begeisterung und nahezu täglich Rollenspiele initiiert und leitet, malt auch gern Bilder an einem Tisch gemeinsam mit anderen Kindern. Allerdings geht es ihm dabei weniger um das Malen eines Bildes, was eher beiläufig vollzogen wird, als vielmehr um die Gespräche und allgemein den sozialen Kontakt in dieser Situation. Insofern ist diese auf den ersten Blick künstlerisch-kreativ orientierte Handlung bei näherer Betrachtung durch das soziale Interesse motiviert.
* *Fallbeispiel 2 »Naturwissenschaftliches-technisches Interesse«:* Ein Kind mit einem naturwissenschaftlich-technischen Hauptinteresse an Tieren und speziell Dinosauriern malt häufig Bilder und spielt ebenfalls gern mit anderen Kindern Rollenspiele. Wenn es Bilder malt, dann stellen diese aber fast ausschließlich Dinosaurier und Drachen dar und in den Rollenspielen kämpft es als Tyrannosaurus Rex gegen andere urzeitliche Wesen.

> **Reflexionsfrage**
> Wenn Sie Ihre Erfahrungen aus dem Kita-Alltag reflektieren, können Sie Fallbeispiele oder konkrete Beobachtungen benennen, die mit den Fallbeispielen 1 oder 2 übereinstimmen oder diesen ähneln?

Beide Fallbeispiele machen deutlich, dass ein vertieftes individuelles Interesse eine strukturierende Funktion in der Kind-Umwelt-Interaktion übernimmt; zudem bedarf es jeweils einer genauen Analyse der Situation, um eine Aussage über die individuellen Interessen eines Kindes tätigen zu können. Um mehr über die Interessen eines Kindes zu erfahren, sind intensive Fachkraft-Kind-Interaktionen wichtig, die auf der Basis von Beobachtungen im Kita-Alltag sowie handlungsleitenden Kognitionen angebahnt werden. Gemeint ist damit, sich im teilweise hektischen Kita-Alltag auch Zeit zu nehmen, nicht nur Handlungen eines Kindes z.B. im Freispiel zu beobachten, sondern sich darüber hinaus gezielt mit dem Kind und ebenso mit dessen Eltern über diese Beobachtungen auszutauschen. So können Hypothesen über die inhaltliche Orientierung kindlicher Interessen überprüft, erweitert und gegebenenfalls auch wieder verworfen werden. Mit der Zeit entsteht im Wechselspiel von Beobachtung und hypothesenprüfender Interaktion die Grundlage, die erforderlich ist, um gezielt interessenbasierte, kognitive aktivierende Fachkraft-Kind-Interaktionen zu gestalten.

Übung 3: Kategorien kindlicher Interessen in der Kita und im Übergang zur Schule identifizieren
Ziel: Übertragung der Interessenkategorien auf Alltagsbeobachtungen in der Kita.
Material: –

4.3.2 Förderperspektive

Trotz der empirisch nachgewiesenen Relevanz individueller Interessen des Kindes für die Lernentwicklung sind Veröffentlichungen zur interessenbasierten Förderung von Lernprozessen vergleichsweise rar gesät und der Einbezug kindlicher Interessen in kognitiv aktivierenden Fachkraft-Kind-Interaktionen wurde bislang gar nicht gezielt thematisiert. In diesem Abschnitt wird nun auf Perspektiven der Förderung der kindlichen (Lern-)Entwicklung durch interessenbasierte, kognitiv aktivierende Fachkraft-Kind-Interaktionen eingegangen. Diskutiert werden in diesem Kontext Möglichkeiten der Variation inhaltlicher Orientierungen von Interaktionssequenzen sowie unterschiedliche kognitiv aktivierende Interaktionsformen. In Anbetracht der überschaubaren Publikationslage sind die folgenden Ausführungen ein erster Versuch, diese Leerstelle zu bearbeiten.

4.3 Möglichkeiten der Umsetzung im Kita-Alltag

»Catch«- und »Hold«-Komponenten von situationalen Interessen

Um eine kognitiv aktivierende Fachkraft-Kind-Interaktion erfolgreich zu gestalten, ist die Aufmerksamkeit des Kindes notwendig, um es für einen interaktiven Dialog zu motivieren. Insofern sollte der Gegenstand bzw. die inhaltliche Orientierung der Interaktion situationales Interesse auf Seiten des Kindes hervorrufen. Mitchell (1993) spricht in diesem Kontext von »Catch«-Komponenten der situativen Bedingungen, die sozusagen die Aufmerksamkeit des Kindes »einfangen«. In diesem Sinne wirksam sind Situationen, die einen Überraschungseffekt haben, etwas Neues, Unbekanntes enthalten und vom Alltäglichen und »Normalen« abweichen, die ein interessantes Problem stellen oder attraktive Themen (z. B. Tiere, Technik) und Gegenstände (z. B. Tablet, Digicam) nutzen. Insgesamt gilt: Je anregender und interessanter die Situation gestaltet ist, desto stärker wird sich die Aufmerksamkeit des Kindes auf sie richten. Um das Kind nun über einen längeren Zeitraum in eine Interaktion einzubinden, bedarf es nach Mitchell (1993) wiederum spezifischer »Hold«-Komponenten, die das situationale Interesse des Kindes »halten«. Dauerhaft ist die Aufmerksamkeit dann vorhanden, wenn die Interaktion zu Kompetenzerleben und positiven Emotionen führt, die Interaktion einen positiven Nutzen hat (z. B. etwas Hilfreiches erlernt wird) und natürlich auch dann, wenn die Interaktionssequenz einen Bezug zu bereits vorhandenen individuellen Interessen des Kindes aufweist und damit subjektiv bedeutsam ist.

Kognitiv aktivierende Fachkraft-Kind-Interaktion auf Basis individueller Interessen

Unter motivationaler Perspektive stellt sich die Situation noch günstiger dar, wenn im Rahmen einer kognitiv aktivierenden Fachkraft-Kind-Interaktion bewusst auf das individuelle Interesse eines Kindes eingegangen wird. Den grundlegenden Merkmalen einer Interessenhandlung (Krapp, 2002) folgend wird das Kind in diese Situation mit erhöhter Wahrscheinlichkeit selbstmotiviert einsteigen (subjektive Bedeutsamkeit), positive Emotionen erleben (positive Valenz) und dauerhaft die Aufmerksamkeit aufrechterhalten (Neitzel, 2004). Natürlich ist es auch in diesem Fall sinnvoll, »Catch«- und »Hold«-Komponenten zu beachten, aber aufgrund des individuellen Interesses wird das Kind diese Interaktionssituation wahrscheinlich als Gelegenheit verstehen, Wissen und Fertigkeiten zu erweitern (Erweiterung kognitiver Strukturen). Ein wichtiger Aspekt von kognitiv aktivierender Lernunterstützung ist es, an das Vorwissen der Lernenden anzuknüpfen (Fauth & Leuders, 2018). Werden in der Fachkraft-Kind-Interaktion individuelle Interessen sozusagen »kognitiv aktiviert«, können Kinder ihr bereits erworbenes Vorwissen einbringen und ihre Konzepte/subjektiven Theorien weiterentwickeln. Wie bereits ausgeführt, nutzen Kinder in einer interessenbasierten Lernsituation elaboriertere Lernstrategien, die besonders dann positiv wirksam werden, wenn die Situation verschiedene Denk- und Handlungsmöglichkeiten sowie unterschiedliche Zielergebnisse zulässt. Zudem lernen Kinder in solchen Situationen nachhaltiger (i. S. einer intensiveren Speicherung des Wissens), da neue Inhalte differenzierter und detaillierter aufgenommen werden und zuverlässiger an vorhandenes Vorwissen anknüpfen (Alexander et al., 2012).

Inhaltliche Orientierung kognitiv aktivierender Fachkraft-Kind-Interaktionen

Im vorherigen Abschnitt wurde erläutert, welche positiven Effekte gerade durch kognitiv-aktivierende Interaktionen erreicht werden können, die die individuellen Interessen eines Kindes gezielt berücksichtigen. Reflektiert man nun die Möglichkeiten einer entsprechenden Umsetzung, so ergeben sich zwei Kernperspektiven – und zwar entweder die *direkte* inhaltliche Orientierung am individuellen Hauptinteresse oder die *indirekte* inhaltliche Orientierung am Hauptinteresse. Beide Perspektiven werden nun skizziert und anhand zweier Fallbespiele praxisnah veranschaulicht.

4.3 Möglichkeiten der Umsetzung im Kita-Alltag

Direkte inhaltliche Orientierung am individuellen Hauptinteresse

Bei der *direkten* inhaltlichen Orientierung am individuellen Hauptinteresse wird die Interaktion konkret auf dieses Interesse ausgerichtet und die für das Kind bedeutsamen Objekte, Tätigkeiten und Themen dieses Teilbereichs inhaltlich aufgegriffen. Diese Form der interessenbasierten Fachkraft-Kind-Interaktion ist diejenige, die im Kita-Alltag bereits vermehrt stattfindet (Lichtblau, 2013; Prenzel, Lankes & Minsel, 2000). Im Sinne unterschiedlicher kognitiv aktivierender Interaktionsformen können hier zudem Fördersituationen differenziert werden, die entweder die Methode des *Sustained Shared Thinking* (SST, König, 2009; Purdon, 2016; Siraj-Blatchford, 2002) oder des *Scaffolding* (Muhonen, Rasku-Puttonen, Pakarinen, Poikkeus & Lerkkanen, 2016; Neumann, 2020; van de Pol, Volman & Beishuizen, 2010) zur Anwendung bringen. Zur Veranschaulichung und besseren Nachvollziehbarkeit dieser beiden Interaktionsformen im Sinne der direkten inhaltlichen Orientierung am individuellen Hauptinteresse eines Kindes folgen zwei Fallbeispiele:

- *Fallbeispiel 1 »Direkte inhaltliche Orientierung/Sustained Shared Thinking (SST)«:* Ein Kind mit einem künstlerisch-kreativen Hauptinteresse ist intensiv damit beschäftigt, für eine aus Schuhkartons selbstgestaltete Wohnung Mobiliar aus vorhanden Materialien herzustellen. Die Fachkraft wird darauf aufmerksam und setzt sich zu dem Kind. Sie fragt nach, was das Kind dort macht und beginnt dann ebenfalls eigene Versuche zu starten, ein Sitzmöbel zu basteln. Unter Anwendung der Methode SST suchen beide gemeinsam nach Möglichkeiten, aus Papprollen Sessel zu basteln. Kind und Fachkraft entwickeln mit der Zeit durch gemeinsam geteiltes Denken sehr gelungene Lösungen.
- *Fallbeispiel 2 »Direkte inhaltliche Orientierung/Scaffolding«:* Ein Kind mit einem naturwissenschaftlich-technischen Hauptinteresse für die Themen der Natur und speziell Tiere und Pflanzen gießt mit Hingabe regelmäßig die Blumen im Gruppenraum. Dabei

fragt sich das Kind eines Tages, wie Pflanzen in der Natur, die nicht von Menschen gegossen werden, überleben können. Das Kind kommt mit dieser Frage zur Fachkraft, die daraufhin ein Angebot plant, indem sie sachbuchbasiert unter Anwendung von Scaffolding-Strategien den Wasserkreislauf in der Natur vorstellt. Dialogisch führt sie das Kind dabei zu der Erkenntnis, dass Regen verdunstetes Wasser ist und dieser Pflanzen leben und wachsen lässt.

Indirekte inhaltliche Orientierung am individuellen Hauptinteresse

Die *indirekte* inhaltliche Orientierung am individuellen Hauptinteresse eines Kindes ist eine Interaktionsform, in der das Hauptinteresse dazu genutzt wird, das Kind zu einer intensiven Auseinandersetzung mit einem Gegenstand (Objekt, Tätigkeit oder Thema) anzuregen, dem es von sich aus nicht selbstmotiviert Aufmerksamkeit schenken würde. Ohne empirische Belege, die aktuell noch nicht vorliegen, wird an dieser Stelle die Hypothese aufgestellt, dass speziell diese Form der interessenbasierten Fachkraft-Kind-Interaktion in Kitas bisher eher selten und weniger bewusst im Rahmen der Lernunterstützung zur Anwendung kommt. Sinnvoll ist dieses Vorgehen jedoch vor allem deswegen, da auf diese Weise Kinder an Lerngegenstände herangeführt werden können, die sie im Kita-Alltag von sich aus meiden, die für ihre (Lern-)Entwicklungsförderung aber von hoher Bedeutung sein können. Bei dieser Variante wird somit das individuelle Hauptinteresse eines Kindes inhaltlich in einer Fachkraft-Kind-Interaktion berücksichtigt, um ein anderes situationales Interesse für den Zeitraum einer kognitiv-aktivierenden Lernunterstützung anzuregen und aufrechtzuerhalten. Auch hier können kognitiv aktivierende Interaktionsformen unterschieden werden, die entweder die Methode des Sustained Shared Thinking (Cusati Müller, Wustmann Seiler, Simoni & Hedderich, 2019) oder die des Scaffolding (Muhonen et al., 2016) betreffen. Es folgen zwei Fallbeispiele zur Skizzierung des Vorgehens:

4.3 Möglichkeiten der Umsetzung im Kita-Alltag

- *Fallbeispiel 1 »Indirekte inhaltliche Orientierung/Sustained Shared Thinking (SST)«:* Ein Kind mit einem Hauptinteresse im motorischen Bereich und speziell für die Sportart »Fußball« kommt in seinen sozialen Fähigkeiten im Kita-Alltag immer wieder an seine Grenzen. Nicht selten kommt es zu Streitigkeiten zwischen ihm und anderen Kindern. Insgesamt gelingt es ihm nur schwer, soziale Regeln einzuhalten. Bei einem Fußballspiel im Außenbereich der Kita kommt es erneut zum Streit und eine Fachkraft nutzt diesen Spielkonflikt, um mit dem Kind im Rahmen einer SST-basierten Fachkraft-Kind-Interaktion über die soziale Problemstellung zu sprechen. Dabei nutzt sie sein individuelles Interesse am Thema »Fußball« und hinterfragt mit dem Kind die Bedeutung von Regeln bei einem richtigen Bundesligaspiel und wie dort vorgegangen wird, wenn Konflikte entstehen. Ohne konkrete Zielvorgabe durch die Fachkraft wird dem Kind dabei bewusst, dass Regeln in diesem Spiel für einen fairen Ablauf sorgen und Regeln notwendig und sehr hilfreich sein können.
- *Fallbeispiel 2 »Indirekte inhaltliche Orientierung/Scaffolding«:* Ein Kind mit einem Hauptinteresse im sozialen Bereich spielt mit großer Begeisterung Rollenspiele mit anderen Kindern. Unter seinen Peers ist das Kind sehr beliebt, da es das Spielgeschehen fantasievoll immer wieder mit neuen Ideen erweitert. Förderbedarf ist wiederum im feinmotorischen und künstlerisch-gestalterischen Bereich vorhanden und an entsprechenden Angeboten zu diesem Bereich nimmt das Kind nur ungern teil. Dies ändert sich, als eine Fachkraft das individuelle Rollenspielinteresse gezielt anspricht und dem Kind vorschlägt, gemeinsam einen Hintergrund für das aktuell beliebte Rollenspielthema »Ritterburg« zu bauen. Unter dieser Zielperspektive ist das Kind für diesen gestalterischen Akt zu begeistern und die Fachkraft führt ein pädagogisches Angebot durch, das sie unter Anwendung von Scaffolding-Strategien zielführend begleitet. Das Kind bringt in diesen Prozess fantasievoll eigene Ideen ein, während die Fachkraft ein »Gerüst« zur Erreichung des gesteckten Ziels »Hintergrund für Rollenspiel gestalten« bereithält und dem Kind Ar-

beitstechniken demonstriert, Unbekanntes erklärt und in diesem längerfristigen Angebot für Orientierung sorgt.

Übung 4: Gestaltung einer Fachkraft-Kind-Interaktion mit direkter bzw. indirekter inhaltlicher Orientierung
Ziel: Gestaltung einer Fachkraft-Kind-Interaktion mit direkter bzw. indirekter inhaltlicher Orientierung unter Anwendung der Strategien SST bzw. Scaffolding entsprechend den Ausführungen aus Kapitel 3.
Material: Material 2 aus Kap. 3

Wie schon 1913 von Dewey ausgeführt, basieren individuelle Interessen auf einer hervorragenden Synthese aus affektiven und kognitiven Faktoren und stellen daher einen sehr nützlichen Ansatzpunkt zur Lernunterstützung von Kindern dar. Kinder beschäftigen sich im Kita-Alltag kontinuierlich mit ihren Interessen und aktualisieren diese im Rahmen selbstorganisierter Lern- und Entwicklungsprozesse allein oder im Kreise ihrer Peers. Die kindlichen Interessen auch in kognitiv aktivierenden Fachkraft-Kind-Interaktionen gezielt zu berücksichtigen, erscheint daher durchaus erfolgversprechend. Sicher findet dieses Vorgehen auch aktuell schon statt, die Frage ist jedoch, in welchem Umfang und in welchem Ausmaß es bewusst reflektiert und methodisch strukturiert eingesetzt wird. Die in diesem Kapitel dargelegten Inhalte und Hinweise zur praktischen Umsetzung sollen eine Hilfestellung geben, Lernunterstützungsmaßnahmen auf Basis kindlicher Interessen einer gezielten Reflexion zugänglich zu machen, und Anregungen geben, wie ein solches Vorgehen konkret theoretisch fundiert, methodisch gestaltet und strukturiert werden kann. Insofern versteht sich dieses Kapitel in erster Linie als Einladung, die neu gewonnenen Perspektiven in der Praxis zu erproben und dadurch an der Weiterentwicklung innovativer Formen frühpädagogischer Lernunterstützung mitzuwirken.

> **Weiterführende Literaturtipps**
> Krapp, A. (2005). Das Konzept der grundlegenden psychologischen Bedürfnisse. Ein Erklärungsansatz für die positiven Effekte von Wohlbefinden und intrinsischer Motivation im Lehr-Lerngeschehen. Zeitschrift für Pädagogik, 51(5), 626–641.
> Krause, M. (2017). Kompetenzen und Interessen von Kindern (KOMPIK). In F. Petermann & S. Wiedebusch (Hrsg.), Praxishandbuch Kindergarten: Entwicklung von Kindern verstehen und fördern (S. 194–213). Göttingen: Hogrefe.
> Lichtblau, M. (2015). »Zuhause liegt der Kern des ganzen Problems!«. – Nicht gelingende Kooperation zwischen Familie und Bildungseinrichtung und deren negativer Einfluss auf die kindliche Entwicklung. Verfügbar unter: http://www.inklusion-online.net/index.php/inklusion-online/article/view/302/266S.

Literatur

Alexander, J. M., Johnson, K. E. & Kelley, K. (2012). Longitudinal analysis of the relations between opportunities to learn about science and the development of interests related to science. Science Education, 96(5), 763–786.

Cusati Müller, M., Wustmann Seiler, C., Simoni, H. & Hedderich, I. (2019). Die Teilhabe von Kindern an Sustained Shared Thinking im Freispiel. Frühe Bildung, 8(3), 153–160.

DeLoache, J. S., Simcock, G. & Macari, S. (2007). Planes, trains, automobiles and tea sets: Extremely intense interests in very young children. Developmental Psychology, 43(6), 1579–1586.

Dewey, J. (1913). Interest and effort in education (Riverside educational monographs). Boston: Houghton Mifflin Co.

Doctoroff, G. L., Fisher, P. H., Burrows, B. M. & Edman, M. T. (2016). Preschool children's interest, social-emotional skills, and emergent mathematics skills. Psychology in the Schools, 53(4), 390–403.

Fauth, B. & Leuders, T. (2018). Kognitive Aktivierung im Unterricht (Wirksamer Unterricht, Bd. 2). Leinfelden-Echterdingen: Landesinstitut für Schulentwicklung Stuttgart.

Hidi, S. & Renninger, K. A. (2019). Interest development and its relation to curiosity: Needed neuroscientific research. Educational Psychology Review, 31(4), 833–852.

Hume, L. E., Allan, D. M. & Lonigan, C. J. (2016). Links between preschoolers' literacy interest, inattention, and emergent literacy skills. Learning and Individual Differences, 47, 88–95.

Kasten, H. (1991). Beiträge zu einer Theorie der Interessenentwicklung. Wissenschaftstheoretisch-methodologische Überlegungen, theorieimmanente Klärungen und Ergebnisse empirischer Untersuchungen (Studien zur Frühpädagogik, Bd. 3). Frankfurt a. M.: Lang.

Kasten, H. & Krapp, A. (1986). Das Interessen-Genese-Projekt – eine Pilotstudie. Zeitschrift für Pädagogik, 2(32), 175–188.

König, A. (2009). Interaktionsprozesse zwischen Erzieherinnen und Kindern. Eine Videostudie aus dem Kindergartenalltag. Wiesbaden: VS.

Krapp, A. (1998). Entwicklung und Förderung von Interessen im Unterricht. Psychologie in Erziehung und Unterricht, 44, 185–201.

Krapp, A. (2002). Structural and dynamic aspects of interest development: Theoretical considerations from an ontogenetic perspective. Learning and Instruction, 12(4), 383–409.

Krapp, A. & Prenzel, M. (1992). Interesse, Lernen, Leistung. Neuere Ansätze der pädagogisch-psychologischen Interessenforschung. Münster: Aschendorff.

Lichtblau, M. (2013). Inklusive Förderung auf Basis kindlicher Interessen – Ergebnisse einer Längsschnittuntersuchung zur Interessenentwicklung soziokulturell benachteiligter Kinder. Zeitschrift für Grundschulforschung, 6(1), 72–78.

Lichtblau, M. (2014). Familiäre Unterstützung der kindlichen Interessenentwicklung in der Transition vom Kindergarten zur Schule. Frühe Bildung, 3 (2), 93–103.

Lichtblau, M. (2018). Kindliche Interessen beobachten und fördern. Verfügbar unter: https://www.kita-fachtexte.de/fileadmin/Redaktion/Publikationen/KiTaFT_Lichtblau_II_2018_kindlicheInteressenbeobachtenundfoerdern.pdf.

Lichtblau, M., Thoms, S. & Werning, R. (2013). Kooperation zwischen Kindergarten und Schule zur Förderung der kindlichen Interessenentwicklung. In R. Werning & A.-K. Arndt (Hrsg.), Inklusion. Kooperation und Unterricht entwickeln (S. 200–220). Bad Heilbrunn: Klinkhardt.

Lichtblau, M. & Werning, R. (2012). Interessenentwicklung von Kindern aus soziokulturell benachteiligten Familien im Übergang vom Kindergarten zur Schule. In K. Fröhlich-Gildhoff (Hrsg.), Forschung in der Frühpädagogik (Materialien zur Frühpädagogik, Bd. 10, S. 211–244). Freiburg: FEL.

Mitchell, M. (1993). Situational interest: Its multifaceted structure in the secondary school mathematics classroom. Journal of Educational Psychology, 85(3), 424–436.

Muhonen, H., Rasku-Puttonen, H., Pakarinen, E., Poikkeus, A.-M. & Lerkkanen, M.-K. (2016). Scaffolding through dialogic teaching in early school classrooms. Teaching and Teacher Education, 55, 143–154.

Neitzel, C. (2004). When predisposition meets opportunity: Children's early play interests and subsequent academic self-regulatory behaviors in kindergarten. Dissertation Abstracts International: Section B: The Sciences and Engineering, 64(11-B), 5817.

Neitzel, C., Alexander, J. M. & Johnson, K. E. (2016). Young children's interest-oriented activity and later academic self-regulation strategies in kindergarten. Journal of Research in Childhood Education, 30(4), 474–493.

Neumann, M. M. (2020). Teacher scaffolding of preschoolers' shared reading with a storybook app and a printed book. Journal of Research in Childhood Education, 69, 1–18.

Peterson, E. G. & Hidi, S. (2019). Curiosity and interest: current perspectives. Educational Psychology Review, 31(4), 781–788.

Prenzel, M., Lankes, E.-M. & Minsel, B. (2000). Interessenentwicklung in Kindergarten und Grundschule. Die ersten Jahre. In U. Schiefele & K.-P. Wild (Hrsg.), Interesse und Lernmotivation: Untersuchungen zu Entwicklung, Förderung und Wirkung (S. 11–30). Münster: Waxmann.

Pruisken, C. (2005). Interessen und Hobbys hochbegabter Grundschulkinder. Formeln statt Fußball? Münster: Waxmann.

Purdon, A. (2016). Sustained shared thinking in an early childhood setting: an exploration of practitioners' perspectives. Education 3-13, 44(3), 269–282.

Renninger, K. A. (2009). Interest and identity development in instruction: An inductive model. Educational Psychologist, 44(2), 105–118.

Renninger, K. A., Bachrach, J. E. & Hidi, S. (2019). Triggering and maintaining interest in early phases of interest development. Learning, Culture and Social Interaction, 23, 100260.

Schiefele, H. (1983). Zur Konzeption einer pädagogischen Theorie des Interesses (Gelbe Reihe, Bd. 6). München: Hochschule d. Bundeswehr.

Siraj-Blatchford, I. (2002). Researching effective pedagogy in the early years (Research report, ed. 356). Nottingham: Department for Education and Skills.

Upmeier zu Belzen, A., Vogt, H., Wieder, B. & Christen, F. (2002). Schulische und außerschulische Einflüsse auf die Entwicklungen von naturwissenschaftlichen Interessen bei Grundschulkindern. Zeitschrift für Pädagogik, 45, 291–307.

Van de Pol, J., Volman, M. & Beishuizen, J. (2010). Scaffolding in teacher–student interaction: A decade of research. Educational Psychology Review, 22 (3), 271–296.

Wieder, B. (2010). Entwicklung von Interessen und Nicht-Interessen bei Kindern im Kindergarten, in der Grundschule und in der Sekundarstufe I. Kassel: Kassel Univ. Press.

5

Adaptive sprachförderliche Interaktionen im Kita-Alltag

Christine Beckerle, Stefani Linck & Kim Sophie Bernecker

5.1 Relevanz des Themas und Zielsetzung

Die Entwicklung guter Sprachkompetenzen gilt als zentrale Bedingung für schulischen Bildungserfolg und gesellschaftliche Teilhabe, jedoch verdeutlichen Studien, dass viele Menschen in Deutschland über mangelhafte Sprachkompetenzen im Deutschen verfügen (Becker-Mrotzek & Roth, 2017). Entsprechend bedeutsam ist eine frühe Prävention durch Sprachförderung in Kitas für alle Kinder, durch die zentrale Phasen der kindlichen Sprachentwicklung professionell begleitet werden. Das gilt insbesondere für Kinder aus Familien, die zuhause nur eingeschränkte Sprachanregungen im Deutschen bekommen (z. B. andere Familiensprache, niedriges Bildungsniveau in der Familie), ebenso für Kinder mit dem Risiko einer Sprachentwicklungsverzögerung/-störung (Kucharz, 2018).

Lange Zeit wurde in Kitas ausschließlich additive Sprachförderung für Kinder mit sprachlichen Auffälligkeiten angeboten, bei denen Kleingruppen mit einer Sprachförderkraft in separierten, oft unterrichtsähnlichen Settings spezifische Sprachkompetenzen auf der Basis von Sprachförderprogrammen üben. Allerdings werden mit dieser Sprachförderung nur einzelne Kinder erreicht und nur einzelne sprachliche Bereiche gefördert. Während einige Maßnahmen eine zeitlich begrenzte Wirksamkeit zeigten, wurden anderen gar keine Effekte attestiert (Beckerle, 2017). In den letzten Jahren haben sich daher alltagsintegrierte Sprachförderansätze etabliert, die eine Adressierung aller Kinder durch alle Fachkräfte im regulären Kita-Alltag vorsehen und die auf einer adaptiven, also individuell an das Kind angepassten entwicklungsanregenden Interaktionsgestaltung basieren, durch die verschiedene Sprachkompetenzen und sprachliche Bereiche gefördert werden (Kucharz, 2018). Wissenschaftliche Befunde weisen eindeutig in die Richtung, dass alle Kinder und speziell jene mit schwächeren Sprachkompetenzen von solchen Maßnahmen profitieren (Beckerle, 2017). Allerdings verlangt die Gestaltung einer adaptiven alltagsintegrierten Sprachförderung ein hohes Maß an förderdiagnostischen und -methodischen Kompetenzen, über die bislang noch nicht jede Fachkraft verfügt (Geyer, 2018).

Im Zentrum dieses Kapitels stehen neben theoretischen Grundlagen insbesondere konkrete Praxisideen und Reflexionsimpulse zu sprachförderlichen Interaktionen im Kita-Alltag.

> **Leitfragen**
>
> - Was ist unter einer adaptiven alltagsintegrierten Sprachförderung in der Kita zu verstehen?
> - Welche Methoden eignen sich, um den Sprachentwicklungsstand eines Kindes im Kita-Alltag – als Grundlage für eine adaptive Förderung – festzustellen?
> - Welche Sprachfördermethoden können den Anregungsgehalt von Interaktionen mit Kindern im Kita-Alltag steigern und wie können diese adaptiv eingesetzt werden?

5.2 Zentrale Konzepte

5.2.1 Aufgaben und Kompetenzen in der adaptiven alltagsintegrierten Sprachförderung

In adaptiven alltagsintegrierten Ansätzen sind Fachkräfte »wesentliches Medium« (Reich, 2008, S. 37) sowie »Hauptinstrument« (Adler, 2011, S. 20) der Sprachförderung (während in additiven Ansätzen das Handeln stark durch die Programm-Instruktionen bestimmt wird), denn ihnen obliegt die Planung, Gestaltung und das Monitoring sprachförderlicher Interaktionen mit Kindern in verschiedenen Situationen des Kita-Alltags (Kucharz, Mackowiak & Beckerle, 2015). Sie liefern einen spezifischen Sprachinput, dienen als gutes Sprachvorbild und setzen gezielte Sprachförderstrategien ein, um Kindern neue Sprachstrukturen anzubieten und zu entlocken, sodass sie ihre Sprachkompetenzen ausbauen können (Szagun, 2013).

Eine solche Sprachförderung umfasst zahlreiche Sprachförderaufgaben und erfordert umfassende Sprachförderkompetenzen von

Fachkräften (Beckerle, 2017), die sich mithilfe zweier Modelle im Überblick aufzeigen lassen:

1. Bezüglich der Sprachförderaufgaben stellt das Modell zum Sprachförderprozess (▶ Abb. 5.1; vgl. Kappeler Suter & Kannengieser, 2011) verschiedene Schritte dar: Zuerst bedarf es einer Ermittlung des Sprachentwicklungsstands des Kindes (Sprachförderdiagnostik, ▶ Kap. 5.3.1), bevor individuelle Förderziele und -methoden ausgewählt werden (Sprachförderplanung). Diese beiden Schritte sollten in eine adaptiv gestaltete Fachkraft-Kind-Interaktion münden (Sprachförderung, ▶ Kap. 5.3.2). Anknüpfend erfolgt eine Feststellung, inwieweit die Ziele erreicht wurden, die Methoden passend waren und welche Schritte sich für das Kind im Folgenden anbieten (Sprachförderevaluation). Um diese sich gegenseitig beeinflussenden Schritte im Blick zu haben, sind kontinuierliche schriftliche Notizen unerlässlich (Dokumentation).

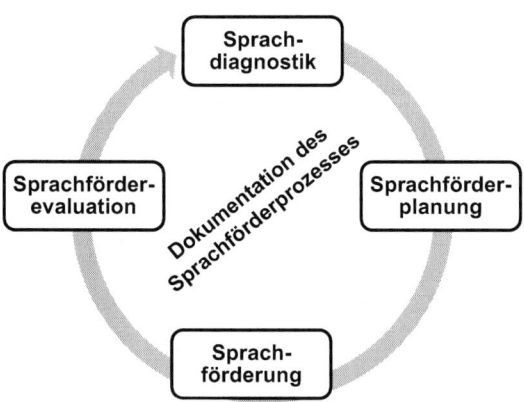

Abb. 5.1: Sprachförderprozess

1. Zur Beschreibung der Sprachförderkompetenzen von Fachkräften lässt sich das Kompetenzmodell von Fröhlich-Gildhoff, Nentwig-Gesemann und Pietsch (2011) heranziehen. Die Disposition

gilt als Handlungsgrundlage, welche sich aus verschiedenen Facetten zusammensetzt: Motivation (warum wird ein Sprachförderprozess initiiert?), Wissen (über welches theoretische Fach- und Erfahrungswissen verfügt die Fachkraft?), Handlungspotenziale (welche Fertigkeiten und Fähigkeiten bringt die Fachkraft mit?) sowie Situationswahrnehmung und -analyse (welche Voraussetzungen bietet die Situation, um einen Sprachförderprozess zu initiieren?). Auf der Basis der Handlungsbereitschaft und -planung (welche sprachlichen Bereiche sollen bei dem Kind gefördert werden, welche Methoden bieten sich dazu an?) werden die dispositionellen Kompetenzfacetten auf die Ebene der Performanz gebracht, d. h. das Handeln wird umgesetzt (Sprachförderung des Kindes mit anschließender Analyse und Evaluation). Geprägt wird das professionelle Handeln zudem durch die pädagogische Haltung und ständige Selbstreflexion der Fachkräfte. Auch die Rahmenbedingungen der Kita spielen eine Rolle.

Um z. B. sprachförderdiagnostisch tätig sein zu können, brauchen Fachkräfte also die Motivation, die Sprachkompetenzen von Kindern zu erfassen; sie benötigen Wissen über die kindliche Sprachentwicklung sowie über sprachförderdiagnostische Methoden, die sich in der Kita eignen; ebenso werden Fertigkeiten und Fähigkeiten beansprucht, wie eine ausgewählte Methode konkret angewendet wird und wie die daraus resultierenden Ergebnisse interpretiert werden.

Reflexionsfragen

- Welche konkreten Kompetenzen brauchen Sie, um die Schritte der Sprachförderplanung, Sprachförderung und Sprachförderevaluation durchzuführen?
- Wie schätzen Sie Ihre dispositionellen und performativen Kompetenzen im Sprachförderprozess ein?
- Wo liegen Ihre Stärken, wo sehen Sie Entwicklungsbedarf?

5.2.2 Methoden einer sprachförderlichen Interaktionsgestaltung

Im Zentrum einer adaptiven alltagsintegrierten Sprachförderung stehen Dialoge, die von Fachkräften oder Kindern erst initiiert und dann auch aufrechterhalten werden müssen (Beckerle & Mackowiak, 2019b).

Als erfolgversprechendes Charakteristikum des spezifischen Sprachinputs der Fachkräfte in den Dialogen gilt die Adaptivität zu den kindlichen Lernvoraussetzungen (Geyer, 2018) (▶ Kasten 5.1). Aufbauend auf vorhandenen Sprachkompetenzen werden neue sprachliche Entwicklungsschritte angestrebt, die sich in der Zone der nächsten Entwicklung (Vygotskij, 1987) befinden, um eine Unter- und Überforderung im Lernprozess zu vermeiden. Damit Kinder neue Sprachstrukturen erwerben können, setzen Fachkräfte Unterstützungsleistungen im Sinne des Scaffolding (›ein Gerüst geben‹; Gibbons, 2015; ▶ Kap. 3) ein, wozu sich vielfältige Sprachfördermethoden eignen, von denen wesentliche in Abbildung 5.2 dargestellt sind. Darüber hinaus ist es wichtig, die jeweiligen kindlichen Interessen in Interaktionen zu berücksichtigen (z. B. durch die Wahl des Dialogthemas) (Adler, 2011).

> **Kasten 5.1: Adaptives sprachförderliches Handeln**
>
> 1. Anpassung des Inputs an den individuellen Entwicklungsstand des Kindes
>   - Aufbauen auf vorhandenen Sprachkompetenzen
>   - Anstreben neuer Sprachentwicklungsschritte
>   - Beachten der Zone der nächsten Entwicklung
> 2. Berücksichtigung der kindlichen Interessen

Die Vielfalt an Sprachfördermethoden lässt sich in zwei Ebenen einteilen (▶ Abb. 5.2; Adler, 2011; Beckerle, 2017; Hellrung, 2019; Kucharz, 2018): Als Basis dient das gute Sprachvorbild der Fachkräfte. Darauf aufbauend werden im Dialog mit Kindern konkrete Sprachförderstrategien gezielt eingesetzt, bei denen nicht allein die Quantität entscheidend ist, sondern insbesondere die Qualität, die sich durch einen adaptiven Einsatz ergibt (Beckerle & Mackowiak, 2019a). Schließlich sind die Strategien nicht per se entwicklungsfördernd, sondern können in ihrer Anwendung »mehr oder weniger ›förderlich‹, d. h. mehr oder weniger umfangreich, vielfältig, anregend (...) sein und dem Kind entsprechend größere oder geringere Chancen der Sprachaneignung bieten« (Reich, 2008, S. 13).

Adaptiver Einsatz konkreter Sprachförderstrategien	Handlungsbegleitendes Sprechen		Positive Wiederholung fehlerhafter kindlicher Äußerungen (korrektives Feedback)
	Präsentation von Wörtern und grammatikalischen Strukturen		
			Erweiterung kindlicher Äußerungen (Modellierungstechniken)
	Nonverbale Unterstützung		
	Einbezug von Herkunftssprachen der Kinder		Sprachlich und kognitiv anregende Fragen
Merkmale eines guten Sprachvorbilds	Deutliche Aussprache		Angemessene Nutzung von Umgangssprache/Dialekt
	Korrekte Sprachverwendung (auch: vollständige Satzstrukturen)		Aufmerksames Zuhören und Wertschätzung kindlicher Äußerungen
	Variantenreiche Verwendung von Wörtern und grammatikalischen Strukturen		
			Freude an Kommunikation

Abb. 5.2: Zentrale Methoden einer sprachförderlichen Interaktionsgestaltung

Aktuelle Studien belegen, dass es Fachkräften unterschiedlich gut gelingt, Kindern ein angemessenes Sprachvorbild anzubieten – im Durchschnitt ist das Sprachvorbild als mäßig einzuschätzen (Beckerle, 2017). Untersuchungen zeigen, dass Fachkraft-Äußerungen im Hinblick auf die grammatikalischen Strukturen und syntaktische Vollständigkeit zwar mehrheitlich korrekt sind (Löffler & Heil, 2019; Soultanian & Budischewski, 2013), dass das Auftreten grammatischer Fehler und unvollständiger Sätze jedoch nicht unerheblich ist (Müller, Smits, Geyer & Schulz, 2014). Ebenso zeigt sich, dass einige Fachkräfte mit ihrer Umgangssprache/ihrem Dialekt reflektiert umgehen und auf standardsprachliche Strukturen zurückgreifen können, andere hingegen situationsunabhängig stark umgangssprachlich/dialektal geprägte Äußerungen von sich geben und somit Kindern – gemessen an der Standardsprache – untypische oder auch falsche Strukturen anbieten (Löffler & Heil, 2019; Ricart Brede, 2011).

Bezüglich des Einsatzes konkreter Sprachförderstrategien liegen hauptsächlich Befunde zu spezifischen Sprachfördertechniken vor, die das korrektive Feedback, Modellierungstechniken und Fragen umfassen. Auch hier weisen Fachkräfte ein sehr heterogenes Bild auf (Beckerle, 2017). Zwar werden alle drei Arten von Sprachfördertechniken genutzt, jedoch das korrektive Feedback eher selten, während Modellierungstechniken deutlich häufiger und Fragen mit Abstand am meisten auftreten (Beckerle et al., 2018) – dabei dominieren Entscheidungs- und Benennungsfragen gegenüber Beschreibungs- und Erklärungsfragen (Schmidt, Risse, Beckerle & Mackowiak, 2019). Die Adaptivität der Sprachfördertechniken konnte bislang nur ansatzweise erforscht werden. Erste Studien weisen darauf hin, dass Fachkräfte bei Kindern mit unterschiedlichen Sprachkompetenzen ein teilweise angepasstes Sprachförderhandeln zeigen, allerdings längst nicht alle Sprachfördertechniken adaptiv nutzen (Beckerle & Mackowiak, 2019a).

Reflexionsfrage
Welche der in Abbildung 5.2 dargestellten Methoden sind Ihnen in der Interaktionsgestaltung mit Kindern besonders wichtig? Warum?

5.2.3 Rahmenbedingungen einer sprachförderlichen Interaktionsgestaltung

Während es eine Vielzahl an Rahmenbedingungen gibt, die Interaktionen im Kita-Alltag allgemein beeinflussen können, sind es insbesondere zwei, die den Rahmen der sprachförderlichen Interaktionsgestaltung prägen (Beckerle & Mackowiak, 2019a, 2019b):

1. Kita-Gruppen weisen eine große sprachliche Heterogenität auf, denn jedes Kind bringt einen einzigartigen Sprachentwicklungsstand mit (Szagun, 2013), der von vielen Einflussfaktoren geprägt wird: u. a. Alter, Geschlecht, Entwicklungsstand/Entwicklungsbeeinträchtigungen, sprachliches Umfeld, Deutsch als Erst- vs. Zweitsprache/Mehrsprachigkeit, Migrations-/Fluchthintergrund, Förder-/Therapiemaßnahmen (Hellrung, 2019). In der Sprachförderung ist ein bewusster Umgang mit dieser Heterogenität unabdingbar.
2. Der Kita-Alltag beinhaltet zahlreiche Situationen, die alle zur Sprachförderung genutzt werden könnten, aber unterschiedliche Anforderungen an Fachkräfte stellen (Fröhlich-Gildhoff et al., 2011). Strukturierte, planbare Situationen von geringerer Komplexität (z. B. dyadische Bilderbuchbetrachtung in einer Leseecke), in denen Fachkräften eine sprachförderliche Interaktionsgestaltung nachweislich eher gelingt, kommen im Kita-Alltag weitaus seltener vor als solche, die unstrukturiert, wenig planbar und hoch komplex sind (z. B. Freispiel im Gruppenraum) und in denen Fachkräfte seltener sprachförderlich agieren (Beckerle et al., 2018; Wildgruber, Wertfein, Wirts, Kammermeier & Danay, 2016).

Reflexionsfragen

- Wie schätzen Sie die sprachliche Heterogenität der Kinder in einer Ihnen bekannten Kita-Gruppe ein?

5 Adaptive sprachförderliche Interaktionen im Kita-Alltag

> ♦ Gehen Sie Ihren letzten Kita-Tag durch und identifizieren Sie Situationen, die entweder strukturiert/planbar oder unstrukturiert/wenig planbar waren. Welches Sprachförderpotenzial schreiben Sie den Situationen zu?

5.3 Möglichkeiten der Umsetzung im Kita-Alltag

5.3.1 Sprachförderdiagnostik

Für eine gelingende adaptive alltagsintegrierte Sprachförderung ist es erforderlich, den Sprachentwicklungsstand jedes Kindes zu erfassen. Allerdings haben viele Fachkräfte Vorbehalte gegenüber Diagnostik, die als defizit- und selektionsorientiert sowie zeitaufwändig wahrgenommen wird (Beck, von Dewitz & Titz, 2016). Das folgende Kapitel beschreibt, wie Sprachförderdiagnostik – analog zur Befunderhebung in der Sprachtherapie (Schrey-Dern, 2006) – mithilfe der drei Komponenten Beobachtung, Elizitation (›Hervorlocken‹, in diesem Fall: Hervorlocken bestimmter sprachlicher Strukturen) und gegebenenfalls Anamnese in den Kita-Alltag integriert werden kann, sodass exkludierende Untersuchungen und zusätzliche Zeitfenster vermieden werden (► Abb. 5.3).

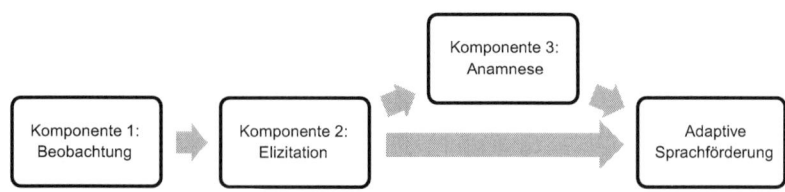

Abb. 5.3: Drei Komponenten der alltagsintegrierten Sprachförderdiagnostik

Erste Komponente: Beobachtung

Um den Sprachentwicklungsstand eines Kindes zunächst global einzuschätzen, reicht es aus, das Kind in verschiedenen alltäglichen Situationen unter einer bestimmten Fragestellung zu beobachten. Je nach sprachlichem Bereich können unterschiedliche Schwerpunkte fokussiert werden und Hinweise auf einen entsprechenden Förderbedarf liefern (▶ Material 1).

Zur genaueren Beobachtung eignen sich Beobachtungsbögen wie z. B. »Sismik« (Ulich & Mayr, 2003) und »Seldak« (Ulich & Mayr, 2006), mit denen das Sprachverhalten einsprachig und mehrsprachig aufwachsender Kinder erfasst wird. Eine weitere gute Möglichkeit bieten Spontansprachanalysen. Hierzu sind Audioaufnahmen von kindlichen Äußerungen aus dem Kita-Alltag erforderlich, die transkribiert und nach bestimmten Sprachstrukturen ausgewertet werden. Wichtig ist, dass die Aufnahme in einer Situation stattfindet, die den Interessen des Kindes entspricht und die die Fachkraft durch sprachliche Anreize etwas lenken kann. Die Aufnahme sollte mindestens 15 Minuten betragen, um zu gewährleisten, dass genügend kindliche Äußerungen zur Auswertung vorliegen. Für die Transkription reicht eine möglichst lautgetreue Niederschrift ohne spezifische Sonderzeichen – wichtig ist, dass sprachliche Fehler des Kindes mitnotiert werden. Ausführliche Hinweise zur Durchführung und Auswertung finden sich bei Beckerle, Kucharz und Mackowiak (2019) oder Schrey-Dern (2006).

> **Reflexionsfrage**
> Überlegen Sie sich zwei konkrete Alltagssituationen, in denen Sie die Sprachkompetenzen eines Kindes möglichst gut beobachten könnten. Wie würden Sie die Erhebung der Sprachprobe konkret durchführen?

Übung 1 bietet eine Möglichkeit, den Sprachentwicklungsstand von Kindern unter einer bestimmten Fragestellung mithilfe einer Beobachtung systematisch zu erfassen.

Übung 1: Beobachtung ausgewählter Sprachstrukturen
Ziel: Erfahrung in der systematischen Beobachtung im Bereich kindlicher Sprachkompetenzen
Material: Material 1

Zweite Komponente: Elizitation

Da Kinder Sprache funktional gebrauchen und bestimmte Strukturen nur dann verwenden, wenn die kommunikative Situation dies erfordert, ist es unabdingbar, in weiteren Beobachtungen Situationen mit sogenannten kommunikativen Zugzwängen zu schaffen (Heller & Morek, 2015), sodass Kinder die fokussierten Sprachstrukturen tatsächlich verwenden. Diese Situationen sollten aber so gestaltet sein, dass die Kinder sich nicht getestet fühlen. Sie erfordern eine erhöhte Aufmerksamkeit von Fachkräften, auch gegenüber etwaigen Ausweichmanövern von Kindern (▶ Material 2).

Reflexionsfrage
Stellen Sie sich vor, Sie spielen mit einem Kind mit Autos, Straßenschildern, Ampeln etc. auf dem Autoteppich und möchten die Verwendung der Präpositionen überprüfen. Welche Möglichkeiten fallen Ihnen ein, um Präpositionen zu elizitieren?

Übung 2 zeigt eine Idee auf, in einem Dialog zu üben, inwieweit sich Sprachstrukturen elizitieren lassen.

Übung 2: Elizitation ausgewählter Sprachstrukturen
Ziel: Übung zur Dialogführung, um Sprachstrukturen gezielt zu elizitieren
Material: Material 2

Dritte Komponente: Anamnese

Fachkräfte haben – im Vergleich zu beispielsweise Sprachtherapeut*innen oder externen Sprachförderkräften – den Vorteil, dass sie den Kita-Alltag mit Kindern gemeinsam erleben und dieser einen prägenden Kontext in ihrem Leben und ihrer Entwicklung darstellt. Daher können sich Fachkräfte zu verschiedenen sprachrelevanten Bereichen, z.B. dem Spiel- und Sozialverhalten, selbst ein Bild machen. Es gibt jedoch viele weitere Faktoren, die unmittelbar und mittelbar auf die kindliche Sprachentwicklung einwirken und zu denen vornehmlich die Erziehungsberechtigten als Expert*innen ihrer Kinder zuverlässig und kompetent Auskunft geben können (▶ Material 3).

Daher eignen sich Anamnesegespräche. Bei diesen ist wichtig, sie mit einer fragenden Haltung zu führen und die eigenen Fragen hinsichtlich der Intention zu kommentieren (»Ich frage deshalb, ob Sie einen Deutschkurs besuchen, weil Sie dann wahrscheinlich wissen, wie schwierig es ist, sich all die unterschiedlichen Artikel zu merken.«) (Kannengieser, 2015). Den Gesprächspartner*innen sollte signalisiert werden, dass sie über wichtige Informationen verfügen, die dazu beitragen, ein weiterführendes Förderangebot für ihr Kind zu entwickeln.

Reflexionsfragen

- Denken Sie an verschiedene Situationen in einem offiziellen Setting (z.B. Arzt, Therapie), in denen Informationen zu Ihrem Wohlbefinden erfragt wurden. Wie haben Sie sich gefühlt?
- Was hat sich positiv oder negativ auf Ihre Gesprächsbereitschaft ausgewirkt?

Übung 3 stellt dar, wie es gelingen kann, in einem wertschätzenden Gespräch mit den Erziehungsberechtigten Informationen über die kindliche Sprachentwicklung zu erhalten.

5 Adaptive sprachförderliche Interaktionen im Kita-Alltag

Übung 3: Anamnesegespräch mit den Erziehungsberechtigten
Ziel: Reflexion des eigenen Gesprächsverhaltens im Rahmen eines Anamnesegesprächs mit den Erziehungsberechtigten
Material: Material 3

5.3.2 Sprachförderung

Eine sprachförderliche Interaktionsgestaltung im Kita-Alltag basiert auf sprachförderdiagnostischen Erkenntnissen (▶ Kap. 5.3.1) und dem Einsatz verschiedener Sprachfördermethoden (▶ Kap. 5.2.2). Das folgende Kapitel liefert Praxisanregungen, wie Fachkräfte ihr Sprachvorbild reflektieren und optimieren können und wie sich konkrete Sprachförderstrategien in Interaktionen mit verschiedenen Kindern und in verschiedenen Situationen effektiv anwenden lassen.

Sprachvorbild

Das Ziel, Kindern ein noch besseres Sprachvorbild zu werden, erfordert eine konsequente Veränderung des eigenen Sprachverhaltens, was herausfordernd ist, da das eigene Sprachverhalten eine relativ stabile Größe darstellt und meistens unbewusst eingesetzt wird (Ricart Brede, 2011).

Daher ist der erste und zugleich bedeutendste Schritt das Bewusstmachen des eigenen Sprechens. Dies kann über Beobachtungen und Reflexionen gelingen, die Fachkräfte allein oder mit Kolleg*innen durchführen. Durch das explizite Wahrnehmen und Analysieren der eigenen Sprache werden Stärken aufgedeckt, die weiterhin als Ressource dienen, zugleich Schwächen, die mögliche Ziele der professionellen Weiterentwicklung darstellen. Entsprechende Verhaltensänderungen können in Interaktionen im Kita-Alltag erprobt und regelmäßig reflektiert werden. Die Optimierung des eigenen Sprachvorbilds ist also als längerer Prozess anzusehen, in dem ausgewählte Merkmale sukzessiv fokussiert werden (Kucharz et al., 2015). Im Folgenden werden die in Abbildung 5.2 genannten Merkmale eines guten Sprachvorbilds näher beschrieben.

Deutliche Aussprache: Eine deutliche, also ausreichend laute, betonte sowie klare und eindeutige Aussprache ist eine wesentliche Bedingung dafür, dass Kinder Äußerungen verstehen und als Modell nutzen können. Ebenso bedeutend ist, dass Wörter vollständig ausgesprochen werden ohne Laute zu verschleifen oder auszulassen, denn nur so können Kinder Sprachstrukturen identifizieren (u. a. Wortanfang/-ende, grammatikalische Endungen) (Hellrung, 2019; Löffler & Heil, 2019).

> **Reflexionsfrage**
> Sprechen Sie den simplen Satz »Mal mir doch ein schönes Bild mit einem Haus und einer Sonne« unterschiedlich deutlich aus. Was fällt Ihnen auf?

Korrekte Sprachverwendung (auch: vollständige Satzstrukturen): Ein möglichst regelhafter Sprachinput ist wichtig, damit Kinder korrekte und nicht etwa untypische oder fehlerhafte Sprachstrukturen in ihr Regelsystem übernehmen (Szagun, 2013). Maßstab ist die mündliche Standardsprache, die nicht mit der Schriftsprache gleichzusetzen ist – entsprechend sind vollständige, nicht satzwertige Äußerungen akzeptabel (Beckerle, 2017).

> **Reflexionsfragen**
>
> - Wie würden Sie das Rutschen eines Kindes auf einer Rutsche kommentieren: (1) »Rutschen!«, (2) »Runtergerutscht!«, (3) »Bist runtergerutscht!«, (4) »Du bist runtergerutscht!«?
> - Welche Sprachstrukturen werden dem Kind dabei angeboten?

Variantenreiche Verwendung von Wörtern und grammatikalischen Strukturen: Da Kinder recht schnell neue Wörter und auch grammatikalische Strukturen lernen können, ist ein variantenreicher Input im Kita-Alltag förderlich. Vorteilhaft ist die wiederholende Verwendung zentraler Wörter und grammatikalischer Strukturen in verschiedenen Situationen (Adler, 2011; Szagun, 2013).

Reflexionsfrage
Inwiefern können Sie eine Anziehsituation in der Garderobe sprachlich variantenreich gestalten? Überlegen Sie sich unterschiedliche konkrete Äußerungen, die Sie verwenden können.

Angemessene Nutzung von Umgangssprache/Dialekt: Die Verwendung einer Umgangssprache/eines Dialekts ist in Wissenschaft und Praxis umstritten, jedoch besteht im Kontext alltagsintegrierter Sprachförderung Einigkeit darüber, dass sich eine Orientierung an der Standardsprache positiv auf die kindliche Sprachentwicklung auswirkt (Beckerle, 2017; Löffler & Heil, 2019).

Reflexionsfrage
Wie bewerten Sie folgende sprachliche Äußerungen einer Fachkraft in einer dyadischen Bilderbuchbetrachtung, die als Sprachfördersituation ausgewiesen war:
»Des isch ne Tankstelle. Hm, da muss des Audo tanken. (…) Macht das de Papa auch? Warsch du da schon dabei mit dem Papa? (…) Auto hasch gewaschen, da warsch dabei?« (Löffler & Heil, 2019, S. 218)?

Aufmerksames Zuhören und Wertschätzung kindlicher Äußerungen: Für die Aufrechterhaltung längerer Fachkraft-Kind-Dialoge ist es von besonderer Bedeutung, Kindern ein aufmerksamer und wertschätzender Gesprächspartner zu sein. Nur so ist es möglich, kindliche Interessen zu identifizieren und Gesprächsgegenstände zu finden, die die Aufmerksamkeit des Kindes binden und sie zur sprachlichen Beteiligung ermuntern (Adler, 2011; Hellrung, 2019).

Reflexionsfragen

- Denken Sie an Ihren letzten längeren Dialog mit einem Kind. Welche Methoden des aktiven Zuhörens haben Sie angewendet?
- Mit welchen (non)verbalen Mitteln haben Sie die Äußerungen des Kindes in dem Dialog wertgeschätzt?

Freude an Kommunikation: Es ist von Vorteil, wenn Fachkräfte Kommunikationsfreude zeigen, sodass Kinder Sprechen als etwas Positives erleben und selbst Lust zur Kommunikation entwickeln (Hellrung, 2019). Schließlich ist das eigene Sprechen von Kindern der Motor ihrer Sprachentwicklung (Szagun, 2013).

Reflexionsfragen

- Welche Situationen fallen Ihnen im Kita-Alltag ein, in denen Ihre Kommunikationsfreude eingeschränkt ist/sein könnte?
- Wie könnten Sie die Situationen kommunikativer gestalten?

Übung 4 liefert eine Idee, wie die Leser*innen ihr eigenes Sprachverhalten hinsichtlich Stärken und Schwächen analysieren und erste Ideen zur Optimierung ihres Sprachvorbilds generieren können.

Übung 4: Sprachvorbild
Ziel: Reflexion des eigenen Sprachverhaltens hinsichtlich der Merkmale eines guten Sprachvorbilds
Material: Material 4

Konkrete Sprachförderstrategien

Fachkräfte können den Einsatz konkreter Sprachförderstrategien optimieren, indem sie sich zunächst auf theoretischer Ebene intensiv mit ihnen auseinandersetzen, sie dann im Alltag konsequent erproben und anschließend ausführlich reflektieren (Kucharz, 2018).

In diesem Zusammenhang bieten sich Fortbildungsreihen mit einer dazugehörigen Umsetzungsbegleitung an (Beckerle, 2017), aber auch veröffentlichte Weiterqualifizierungskonzepte, die eine hilfreiche Grundlage zum Selbststudium darstellen (▶ Literaturtipps).

Da die Breite an konkreten Sprachförderstrategien (▶ Abb. 5.2) in diesem Kapitel nicht hinreichend behandelt werden kann, sollen die drei oben herausgegriffenen Arten spezifischer Sprachfördertechniken, nämlich korrektives Feedback, Modellierungstechniken und Fragen näher vorgestellt werden. Diese kommen ursprünglich aus der Eltern-Kind-Kommunikation sowie Sprachtherapie und bilden mittlerweile den Kern alltagsintegrierter Sprachförderansätze (Kucharz, 2018). Ihre Wirksamkeit ist empirisch nachgewiesen (Beckerle, 2017).

Mit *korrektivem Feedback* werden kindliche Äußerungen, die fehlerhafte – die Aussprache, den Wortschatz oder die Grammatik betreffende – Sprachstrukturen beinhalten, aufgegriffen und mit korrigierten Zielstrukturen wiederholt. So wird Kindern ein Modell der Zielstrukturen angeboten, die sie in ihre Sprachproduktion aufnehmen können. Durch die positive Korrektur werden sie weiterhin zur sprachlichen Beteiligung motiviert (Adler, 2011; Kucharz, 2018).

Reflexionsfragen

- Denken Sie an zwei Kinder, die sprachliche Auffälligkeiten zeigen. Welche konkreten Sprachstrukturen verwenden diese Kinder falsch?
- Wie könnten Sie positiv korrigierend darauf reagieren?

5.3 Möglichkeiten der Umsetzung im Kita-Alltag

Modellierungstechniken knüpfen sprachstrukturell und inhaltlich an kindlichen Äußerungen an und verändern bzw. erweitern diese bezüglich neuer Zielstrukturen wie Begriffen/Bedeutungen oder grammatikalischen Formen. Dadurch werden vorhandene Strukturen gefestigt und neue Strukturen präsentiert, die Kinder in ihre Sprachproduktion übernehmen können. Durch das direkte Aufgreifen und Weiterführen von Äußerungen können Themen intensiver bearbeitet werden und längere Dialoge entstehen (Beckerle, 2017; Kucharz et al., 2015).

Reflexionsfrage
Wie könnten Sie bei einem sprachlich normal entwickelten zweijährigen und sechsjährigen Kind auf folgende Äußerung beim Malen mithilfe von Modellierungstechniken reagieren: »Da, Auto.«?

Fragen können Kinder zum Sprechen animieren, wobei ihr Anregungsgehalt sprachlich und kognitiv unterschiedlich hoch sein kann. Hervorgerufen werden können – im Anregungsgehalt steigend – Entscheidungen, Benennungen, Beschreibungen sowie Erklärungen (Schmidt et al., 2019). Das bedeutet, dass Kindern durch Fragen Zielstrukturen sowie komplexe Dialogbeiträge entlockt werden, durch die sie sich sprachlich ausprobieren und weiterentwickeln können (Beckerle, 2017).

Reflexionsfrage
Notieren Sie etwa zehn Fragen, die Sie im Kita-Alltag oft an Kinder richten. Wie bewerten Sie jeweils den sprachlichen und kognitiven Anregungsgehalt für unterschiedliche Kinder?

Material 5a bietet eine Übersicht über die drei vorgestellten konkreten Sprachförderstrategien, die in der Kita-Praxis vielfältig genutzt werden kann (z. B. Handout, Poster, Hosentaschenkarte).

5 Adaptive sprachförderliche Interaktionen im Kita-Alltag

Wie bereits dargestellt wurde, spielt die Adaptivität bei der Auswahl geeigneter Sprachförderstrategien eine große Rolle – eine anspruchsvolle Aufgabe vor dem Hintergrund der sprachlichen Heterogenität in den Kita-Gruppen (▶ Kap. 5.2.3). Die Strategien weisen einen unterschiedlichen Grad an Komplexität auf (Justice, Mashburn, Pence & Wiggins, 2008) und können jeweils an den kindlichen Entwicklungsstand angepasst werden, sodass Kinder auf einem unterschiedlichen sprachlichen Niveau angeregt werden (Beckerle & Mackowiak, 2019a).

Ebenso ist beim Einsatz der Sprachförderstrategien die jeweilige Situation zu berücksichtigen, die neben der Strukturiertheit, Planbarkeit und Komplexität (▶ Kap. 5.2.3) auch durch die konkrete Aktivität und die beteiligten Kinder bestimmt wird. Prinzipiell lässt sich jede Situation sprachförderlich gestalten, jedoch bedarf es hierzu der Identifikation und spezifischen Nutzung des jeweiligen situativen Potenzials (▶ Material 5b) (Beckerle & Mackowiak, 2019b).

Übung 5 lädt die Leser*innen ein, ihr eigenes Frageverhalten in Interaktionen mit Kindern adaptiver zu gestalten und in unterschiedlich komplexen Situationen zu optimieren. Die Fragen wurden als exemplarische Sprachförderstrategie ausgewählt, da diese Fachkräften als alltägliches Mittel der Kommunikation und Lernanregung vertraut sind. Gleichwohl besteht hier noch Optimierungsbedarf, da im Kita-Alltag häufig geschlossene Fragen dominieren, die viele Kinder zu wenig sprachlich und kognitiv herausfordern (Beckerle & Mackowiak, 2019a; Schmidt et al., 2019).

Übung 5: Adaptive Fragen in verschiedenen Situationen
Ziel: Formulieren von adaptiven Fragen in verschiedenen Situationen des Kita-Alltags
Material: Material 5a, Material 5b

> **Weiterführende Literaturtipps**
> Kammermeyer, G., Roux, S., King, S. & Metz, A. (2019). Mit Kindern im Gespräch: Strategien zur Sprachbildung und Sprachförderung von Kleinkindern in Kindertageseinrichtungen. Donauwörth: Auer.
> Kucharz, D., Mackowiak, K. & Beckerle, C. (2015). Alltagsintegrierte Sprachförderung. Ein Weiterqualifizierungskonzept für Kita und Grundschule. Weinheim: Beltz.
> Titz, C., Geyer, S., Ropeter, A., Wagner, H., Weber, S. & Hasselhorn, M. (Hrsg.) (2018). Konzepte zur Sprach- und Schriftsprachförderung entwickeln. BiSS-Reihe (Bd. 1). Stuttgart: Kohlhammer.

Literatur

Adler, Y. (2011). Kinder lernen Sprache(n): Alltagsorientierte Sprachförderung in der Kindertagesstätte. Stuttgart: Kohlhammer.
Beck, L., von Dewitz, N. & Titz, C. (2016). Sprachliche Entwicklungsstände, Lernpotenziale und Lernfortschritte erkennen. Verfügbar unter: https://www.nifbe.de/fachbeitraege/themenstruktur?view=item&id=600:sprachliche-entwicklungsstaende-lernpotenziale-und-lernfortschritte-erkennen&catid=76.
Becker-Mrotzek, M. & Roth, H.-J. (2017). Sprachliche Bildung – Grundlegende Begriffe und Konzepte. In M. Becker-Mrotzek & H.-J. Roth (Hrsg.), Sprachliche Bildung – Grundlagen und Handlungsfelder (S. 11–36). Münster: Waxmann.
Beckerle, C. (2017). Alltagsintegrierte Sprachförderung im Kindergarten und in der Grundschule. Evaluation des »Fellbach-Konzepts«. Weinheim: Beltz Juventa.
Beckerle, C., Kucharz, D. & Mackowiak, K. (2019). Sprachproben in der Praxis: Die Methode Schritt für Schritt. Kindergarten heute, 8, 10–12.
Beckerle, C. & Mackowiak, K. (2019a). Adaptivität von Sprachförderung im Kita-Alltag. Ein Vergleich des Sprachförderhandelns pädagogischer Fachkräfte bei Kindern mit Deutsch als Erst- und Zweitsprache und unterschiedlichen Sprachkompetenzen. Lernen und Lernstörungen, 8(4), 1–9.
Beckerle, C. & Mackowiak, K. (2019b). Sprachförderliche Interaktionsgestaltung im Kita-Alltag: Der Einsatz von Sprachfördertechniken in unter-

schiedlich komplexen Situationen. Sprachförderung und Sprachtherapie, 2 (19), 108–113.

Beckerle, C., Mackowiak, K., Koch, K., Löffler, C., Heil, J., Pauer, I. & von Dapper-Saalfels, T. (2018). Der Einsatz von Sprachfördertechniken in unterschiedlichen Settings in Kindertageseinrichtungen. Frühe Bildung, 7(4), 215–222.

Fröhlich-Gildhoff, K., Nentwig-Gesemann, I. & Pietsch, S. (2011). Kompetenzorientierung in der Qualifizierung frühpädagogischer Fachkräfte (Bd. 19). München: DJI.

Geyer, S. (2018). Sprachförderkompetenz im U3-Bereich: Eine empirische Untersuchung aus linguistischer Perspektive. Stuttgart: Metzler.

Gibbons, P. (2015). Scaffolding language. Scaffolding learning. Teaching English language learners in the mainstream classroom (2nd ed.). Portsmouth: Heinemann.

Heller, V. & Morek, M. (2015). Unterrichtsgespräche als Erwerbskontext: Kommunikative Gelegenheiten für bildungssprachliche Praktiken erkennen und nutzen. Verfügbar unter: https://www.forumlecture.ch/sysModules/obxLeseforum/Artikel/548/2015_3_Heller_Morek.pdf.

Hellrung, U. (2019). Sprachentwicklung und Sprachförderung: in der Kita. Freiburg: Herder.

Justice, L. M., Mashburn, A., Pence, K. L. & Wiggins, A. (2008). Experimental evaluation of a preschool language curriculum: influence on children's expressive language skills. Journal of Speech, Language, and Hearing Research, 51(4), 983–1001.

Kannengieser, S. (2015). Sprachentwicklungsstörungen. Grundlagen, Diagnostik und Therapie (3. Aufl.). München: Urban & Fischer.

Kappeler Suter, S. & Kannengieser, S. (2011). Förderung in Deutsch vor der Einschulung (FiDe) – Diagnosekompetenzen im Rahmen integrierter Sprachförderung. In Fachhochschule Nordwestschweiz (Hrsg.), Unterrichtsqualität und Unterrichtsentwicklung. Forschungsbericht 2010/2011 (S. 11–13). Basel: Steudler Press.

Kucharz, D. (2018). Alltagsintegrierte sprachliche Förderung und Bildung im Elementarbereich. In C. Titz, S. Geyer, A. Ropeter, H. Wagner, S. Weber & M. Hasselhorn (Hrsg.), Konzepte zur Sprach- und Schriftsprachförderung entwickeln. BiSS-Reihe (Bd. 1, S. 214–227). Stuttgart: Kohlhammer.

Kucharz, D., Mackowiak, K. & Beckerle, C. (2015). Alltagsintegrierte Sprachförderung. Ein Weiterqualifizierungskonzept für Kita und Grundschule. Weinheim: Beltz.

Löffler, C. & Heil, J. (2019). Pädagogische Fachkräfte als Sprachvorbild in der Kindertagesstätte. Lernen und Lernstörungen, 8(4), 213–219.

Müller, A., Smits, S., Geyer, S. & Schulz, P. (2014). Was ist Sprachförderkompetenz? Fachwissen und Handlungskompetenz von pädagogischen Fachkräften in der vorschulischen Sprachförderung. In B. Lütke & I. Petersen (Hrsg.), Deutsch als Zweitsprache: erwerben, lernen und lehren. Beiträge aus dem 9. Workshop »Kinder mit Migrationshintergrund« (S. 247–262). Stuttgart: Klett Fillibach.

Reich, H. H. (2008). Sprachförderung im Kindergarten: Grundlagen, Konzepte und Materialien. Weimar: Verlag das Netz.

Ricart Brede, J. (2011). Videobasierte Qualitätsanalyse vorschulischer Sprachfördersituationen. Freiburg: Fillibach.

Schmidt, F. A., Risse, L. S., Beckerle, C. & Mackowiak, K. (2019). Der Einsatz von Fragearten in unterschiedlich stark strukturierten Situationen im Kita-Alltag. Empirische Sonderpädagogik, 11(4), 310–317.

Schrey-Dern, D. (2006). Sprachentwicklungsstörungen. Logopädische Diagnostik und Therapieplanung. Stuttgart: Thieme.

Soultanian, N. & Budischewski, K. (2013). Mit Kindern sprechen – kinderleicht? Eine Analyse der Sprachkompetenz und der Kommunikationsgestaltung von pädagogischen Fachkräften in einer bilingualen Einrichtung. In K. Fröhlich-Gildhoff, I. Nentwig-Gesemann, A. König, U. Stenger & D. Weltzien (Hrsg.), Interaktion zwischen Fachkräften und Kindern (Materialien zur Frühpädagogik, Bd. 12, S. 179–210). Freiburg: VEL.

Szagun, G. (2013). Sprachentwicklung beim Kind. Ein Lehrbuch (5. Aufl.). Weinheim: Beltz.

Ulich, M. & Mayr, T. (2003). Sismik. Sprachverhalten und Interesse an Sprache bei Migrantenkindern in Kindertageseinrichtungen. Freiburg: Herder.

Ulich, M. & Mayr, T. (2006). Seldak. Sprachentwicklung und Literacy bei deutschsprachig aufwachsenden Kindern. Freiburg: Herder.

Vygotskij, L. S. (1987). Ausgewählte Schriften. Köln: Pahl-Rugenstein.

Wildgruber, A., Wertfein, M., Wirts, C., Kammermeier, M. & Danay, E. (2016). Situative Unterschiede der Interaktionsqualität im Verlauf des Kindergartenalltags. Frühe Bildung, 5(4), 206–213.

6

Gemeinsam die Welt erkunden und befragen – Domänenspezifische Interaktionsgestaltung am Beispiel des naturwissenschaftsbezogenen Lernens im Kita-Alltag

Claudia Schomaker & Kathrin Hormann

6.1 Relevanz des Themas und Zielsetzung

Die Auseinandersetzung mit Naturphänomenen ist für Kinder spannend und reizvoll, denn Kinder zeigen ein natürliches Interesse am Erkunden und Beobachten von Phänomenen der belebten und unbelebten Natur (Bubeck, n. d.). Sie erkunden mit allen Sinnen ihre Umwelt, stellen weiterführende Fragen, beobachten und explorieren konkrete Dinge im Alltag und entwickeln Annahmen, warum etwas ist, wie es ist (Bubeck, n. d.). Diese Annahmen können sich jedoch durchaus vom naturwissenschaftsbezogenen Wissen über derartige Naturphänomene unterscheiden. Schäfer (2011) verdeutlicht dies, indem er zwischen Naturwissen und Naturwissenschaft unterscheidet und darauf hinweist, dass Kinder »bereits implizites und explizites Wissen um Naturdinge mitbringen« (S. 225), welches sie in Alltagszusammenhängen erworben haben. Um Kinder in der Auseinandersetzung mit Naturphänomenen konstruktiv zu begleiten, sei es demzufolge notwendig, die »alltäglichen Handlungskontexte« (Schäfer, 2011, S. 225) von Kindern und das daraus abgeleitete Wissen mit zu bedenken, um davon ausgehend eine naturwissenschaftliche Sicht auf diese Phänomene anzubahnen.

Leitfragen

- Was für Vorstellungen und Annahmen entwickeln Kinder zu bestimmten Naturphänomenen?
- Wie können diese Vorstellungen und Annahmen erfasst werden, um sie einer vertieften Auseinandersetzung zugänglich zu machen?
- Wie können Dialoge mit Kindern konstruktiv gestaltet werden, in denen anknüpfend an kindliche Sichtweisen zusätzliche, insbesondere naturwissenschaftliche Perspektiven auf denselben Sachverhalt entwickelt werden?

6.2 Zentrale Konzepte

6.2.1 Ziele: Mit Kindern über Naturphänomene nachdenken

Zu den Zielen naturwissenschaftsbezogener Bildung im Elementarbereich zählt es, dass Kinder ein Interesse an der Natur und ihren Erscheinungen entwickeln, ihre Motivation und Selbstwirksamkeit im Umgang mit der Natur ausdifferenzieren (u. a. Anders, Hardy, Pauen & Steffensky, 2013), Denk-, Arbeits- und Handlungsweisen im Umgang mit der Natur erwerben (u. a. Pauen & Roos, 2020) sowie ihr naturwissenschaftliches Wissen (auch im Sinne eines Nachdenkens darüber, wie dieses Wissen entsteht (*scientific literacy*)) ausgestalten (u. a. Hardy & Steffensky, 2013; Leuchter, 2017).

Dafür ist es u. a. notwendig, dass Kinder die Möglichkeit haben, die Natur in vielfältigen Formen kennen und erfahren zu lernen (Schäfer, 2007). Denn indem sie sich mit einem Naturphänomen handelnd und beobachtend auseinandersetzen, erhalten sie die Gelegenheit, Freude und Erkenntnisinteresse an einer Sache zu entwickeln. Diese Bedingungen sind die Grundvoraussetzung, um die Haltung zu entwickeln, dass Phänomene und Erscheinungen in Frage gestellt und (individuelle) Problemlösungen entwickelt werden (Schäfer, 2007). In dieser basalen Form der Auseinandersetzung mit der Natur können Kinder subjektive Ordnungsstrukturen generieren, mit deren Hilfe sie ihre Beziehung zur Welt systematisieren. Eine solche Anbahnung eines Wissens und Denkens im Sinne einer naturwissenschaftsbezogenen Auseinandersetzung mit Phänomenen, das an diese individuellen Ordnungsstrukturen anschließt, geht darüber hinaus mit einer Förderung motivationaler Einstellungen und Orientierungen einher (Beinbrech & Möller, 2008; Möller & Steffensky, 2010; Steffensky et al., 2018). Prenzel (2000) zufolge ist dieser Aspekt unabdingbar, damit eine naturwissenschaftliche Grundbildung auch über den Elementarbereich und die Schule hinaus weiter eine Bedeutung für Menschen hat.

Zur Anbahnung von scientific literacy als Zieldimension

Diese gegenwärtig diskutierten Ziele naturwissenschaftsbezogenen Lernens im Elementar- und Primarbereich gründen auf einem spezifischen Verständnis davon, was Naturwissenschaften als Wissenschaftsdisziplin ausmacht. So führt Kauertz (2012) aus, dass Naturwissenschaften prinzipiell darüber zu beschreiben sind, dass die jeweiligen »im Laufe der Zeit erworbenen Wissensbestände, ihre Denkweisen und ihre Arbeitsweisen« (S. 93) benannt werden. Die Bestände naturwissenschaftlichen Wissens sind das Ergebnis aus den von Forscher*innen entwickelten Theorien zu in der Natur beobachtbaren Phänomenen (Kauertz, 2012). Wenngleich es keine *Standardmethode* gibt, um naturwissenschaftsbezogenes Wissen zu generieren, zählen zur Naturwissenschaft spezifische Arbeitsweisen, die ein Phänomen immer aus einer bestimmten Perspektive in den Blick nehmen und dabei andere Sichtweisen auf das Phänomen außer Acht lassen (vgl. u. a. Kauertz, 2012).

Die aktuellen Diskussionen um naturwissenschaftsbezogenes Lernen knüpfen an dieses Verständnis der Naturwissenschaften als Wissenschaftsdisziplin an. Zusammengeführt werden diese Annahmen im Konzept der *scientific literacy*, das die Anbahnung einer naturwissenschaftlichen Grundbildung beschreibt:

> »Die naturwissenschaftlich gebildete Person sollte grundlegende Konzepte und Prinzipien der Naturwissenschaften verstehen, die Stärken und Grenzen, Wohltaten und Risiken kennen, naturwissenschaftliche Erkenntnisse und Prozeduren für sich und für die Gesellschaft nutzen, auf der Grundlage« naturwissenschaftlichen Wissens informierte Entscheidungen treffen« (Prenzel, 2000, S. 182).

Der Erwerb naturwissenschaftlichen Wissens und das Verstehen darüber, auf welche Weise Erkenntnisse in den Naturwissenschaften entstehen, soll Menschen also dazu befähigen, in ihrem täglichen Handeln Probleme auch mit Erkenntnissen der Naturwissenschaft als solche zu erkennen, um sich zu ihnen positionieren zu können bzw. sogar Lösungsmöglichkeiten zu entwickeln und zu diskutieren. Aufgrund der Breite naturwissenschaftlicher Erkenntnisse ist die Diskussion darüber, welche Inhalte und Fähigkeiten eine naturwissenschaftliche Grundbildung ausmachen sollen, bis heute nicht abschließend geführt (Kosler, 2016; Prenzel, 2000). Hardy und Kempert (2011) greifen diesen Gedanken auf und wenden den Ansatz der scientific literacy für den Elementarbereich dahingehend, dass sie den Fokus auf die Bereiche des *anschlussfähigen Wissens* bzw. des *anschlussfähigen Denkens* lenken:

> »Im Bereich der Naturwissenschaften zielt dieser [Bereich] auf die Ausbildung inhaltlicher Kompetenzen wie der Erfahrung und Erweiterung von grundlegenden naturwissenschaftlichen Konzepten sowie die Aneignung von typischen Denk- und Vorgehensweisen im Sinne eines Wissenschaftsverständnisses bzw. methodischer Kompetenz« (S. 24).

Ziel einer frühen Förderung soll es sein,

> »bei Kindern eine Haltung gegenüber Phänomenen der Natur und Technik im Sinne einer Scientific Literacy zu fördern, bei welcher Phänomene der Welt produktiv nach wissenschaftlichen Begründungen und Mechanismen hinterfragt werden. Dies bedeutet, dass Kinder (Natur-)Wissenschaft verstehen sollten als eine Disziplin, die ›den Dingen auf den Grund geht‹ und zielgerichtet bzw. theoriegeleitet und evidenzbasiert funktioniert« (Hardy und Kempert, 2011, S. 31).

Lern- und entwicklungspsychologische Voraussetzungen von Kindern

Die Interaktionsgestaltung in der Kita soll es Kindern ermöglichen, ihr naturwissenschaftliches Wissen und ihren naturwissenschaftsbezogenen Umgang mit Naturphänomenen auszudifferenzieren und zu erweitern. Demzufolge ist für die Interaktionsgestaltung mit Kindern die Kenntnis darüber, über welche lern- und entwicklungspsychologischen Voraussetzungen diese in Bezug auf den Umgang mit und das Wissen über Naturphänomene verfügen, zentral. Im Rahmen zahlreicher Studien (s. Kosler, 2016; Leuchter, 2017) wurde in den vergangenen Jahren implizites und explizites Wissen von Kindern in dieser Hinsicht erfasst. So erwerben Kinder ab der Geburt bis zum Eintritt in die Schule grundlegende Denk- und Arbeitsweisen sowie bereichsspezifisches Wissen u. a. in Bezug auf Naturphänomene (z. B. Licht und Schatten, Schwerkraft). Für die anzubahnende naturwissenschaftsbezogene Auseinandersetzung mit Naturphänomenen im Elementarbereich sind insofern grundlegende Kenntnisse über Fähigkeiten von Kindern in Bezug auf die Bildung von Kategorien, das Erkennen von kausalen Zusammenhängen, das schlussfolgernde Denken, das Wissen über das eigene Denken und das Denken anderer, die Kenntnis über Strategien des Problemlösens, die Kontrolle von Variablen sowie die Koordination von Theorie und Evidenz (Leuchter, 2017) zentral, um anschlussfähige Bildungs- und Lernsituationen gestalten zu können. Die in diesen Studien generierten Ergebnisse verweisen darauf, dass Kinder bis zum Alter von sechs Jahren bereits vielfältige Kompetenzen mitbringen, die aber auch in einigen Bereichen wie z. B. in der Koordination von Theorie und Evidenz weiter auszubauen sind, um beispielsweise die Deutung des Ergebnisses eines Experiments in Bezug auf eine zuvor formulierte Vermutung zweifelsfrei ableiten zu können (Leuchter, 2017; Steffensky, 2017).

Für die Bestimmung von spezifischen Inhalten in der frühen naturwissenschaftsbezogenen Bildung ist es zudem notwendig, an das vorhandene bereichsspezifische Wissen von Kindern in Bezug auf diese Inhalte anzuknüpfen, um, darauf aufbauend, solche Inhaltsschwerpunkte auszuwählen, die von ihnen aufgrund ihrer Voraussetzungen erarbeitet werden können. Insbesondere zu den Inhalten der Domäne Physik zeigen zahlreiche Studien, über welches Wissen Kinder in diesen jungen Jahren bereits verfügen können. So zeigen Ergebnisse verschiedener Studien, dass Kinder ab ca. zwei Jahren über erste Grundbegriffe der Schwerkraft verfügen und sich schon »im Alter von drei Monaten irritiert über den visuellen Eindruck, dass Gegenstände in der Luft zu schweben scheinen« (Leuchter, 2017, S. 52), zeigen. Auch zu den Bereichen *Kollision*, *Bewegung* sowie *Zeit und Geschwindigkeit* bringen Kinder zwischen drei und sechs Jahren vielfältiges Wissen mit (Leuchter, 2017). Jungen Kindern wird allgemein ein hohes Interesse, eine ausgeprägte Motivation bzw. Neugier an Naturphänomenen und damit verbundenen Fragen zugeschrieben (Steffensky, 2017). Sie lesen gern Sachbücher und widmen sich mit Freude naturwissenschaftsbezogenen Aktivitäten. Diese Haltung geht einher mit einem großen Zutrauen von Kindern des Elementarbereichs in die eigenen Fähigkeiten bezüglich dieses Bildungsbereichs: »Kinder, die Naturwissenschaften mögen, vertrauen auch stärker in ihre eigenen Fähigkeiten« (Steffensky, 2017, S. 25).

6.2.2 Naturwissenschaftsbezogene Bildungsprozesse unterstützen und begleiten

Um Kinder in derartigen naturwissenschaftsbezogenen Bildungsprozessen nachhaltig zu unterstützen, wird die Prozessqualität als wesentliches Qualitätsmerkmal von Bildungseinrichtungen fokussiert. Sie beschreibt »die realisierte Qualität der Interaktionen eines Kindes mit der sozialen und materialen Umwelt« (Steffensky, 2017, S. 35). Es rückt damit ein Verständnis von Bildung in den Blick, das sich im Spannungsfeld zwischen der selbsttätigen Aneignung von Kindern und »der kulturell geprägten Präsentation der Welt durch den Erwachsenen« (Kasüschke, 2016, S. 134 f.) bewegt. Bildungsprozesse werden aus dieser Perspektive heraus durch (gestaltete) Interaktionen zwischen Kindern und Phänomenen bzw. Gegebenheiten der Welt angestoßen: »Bildung ereignet sich auf der Grundlage des Dialogs« (Kasüschke, 2016, S. 134 f.). Mit dieser Annahme ist der Anspruch verbunden, dass die Zieldimension *Bildung* sich nicht von selbst ergibt, sondern eines Auslösers und der Begleitung bedarf:

> »Bildsamkeit ist nie einfach gegeben, nie einfach vorhanden als Möglichkeit des Kindes, als gleichsam abstrakt verfügbare Potenz. Sie zeigt sich nur als Antwort auf Herausforderungen, als Ergebnis pädagogischer Beziehungen und Erwartungen ebenso wie kultureller Angebote und Aufgaben« (Fried, 2008, S. 142 f.).

Die Gestaltung von Interaktionen in Bezug auf die Auseinandersetzung mit Naturphänomenen wird in diesem Zusammenhang mit Blick auf die Zielsetzungen naturwissenschaftsbezogener Bildung diskutiert (▶ Kap. 6.2.1). Dabei besteht gemäß Wedekind (2012) hier die Versuchung, ausgehend von den zu erreichenden Zielen auch die Wege hin zu einem derartigen Verständnis der Naturwissenschaften von den Naturwissenschaften aus zu denken. Er verweist hier auf Dewey (2000), wenn er mahnt, dass eine solche Gestaltung von Interaktionen die Perspektive des Kindes vernachlässige:

> »In dem Gedanken, dass die Darbietung des Stoffs in seiner vollendetsten Form ein Königsweg zum Lernen darstellt, liegt eine starke Versuchung. Was ist natürlicher als die Annahme, dass dem Unreifen Zeit und Kraft gespart, dass er vor unnötigen Irrtümern bewahrt werden kann, indem er dort beginnt, wo die sachkundigsten Forscher aufgehört haben?« (S. 290).

Um Kinder in der Auseinandersetzung mit Naturphänomenen konstruktiv zu begleiten, ist es jedoch notwendig, die Gestaltung von Interaktionen vom Kind her zu denken, dessen Annäherungen an Naturphänomene aufzugreifen und von seinen Vorstellungen zu einem Gegenstand, seinen Interessen und (naturwissenschaftsbezogenen) Verstehensweisen zu vertiefen. Kindern kann der Weg zu einer (Natur-)Wissenschaft daher immer auf zwei Wegen eröffnet werden:

> »Der erste wird vom Ende her geplant: von den Grundbegriffen und den mathematischen Strukturen der heutigen Physik, und geht darauf aus, sie einleuchtend zu machen. Den Anfang des zweiten Weges sucht der Lehrende zu finden, indem er zusieht, wie aus unbeeinflussten jungen Kindern durch die Begegnung mit absonderlichen Naturphänomenen ursprüngliche Ansätze physikalischen Verstehens herausgefordert werden« (Wagenschein, 2009, S. 46).

Wagenschein (2009) beschreibt anschaulich, wie eine derartige Begegnung zwischen Kindern und Naturphänomen angebahnt werden soll, damit ein nachhaltiges Interesse an der Erkundung dieser Phänomene entsteht. Einen derartigen Beginn einer Auseinandersetzung kennzeichnet »nicht das große Auge der Andacht, auch nicht der suchende Blick des Sammlers von Neuigkeiten, es ist die umwölkte Stirn der Verwunderung, ja der Beunruhigung, das das Gesicht dessen zeichnet, der hier die ersten Schritte tut« (Wagenschein, 2009, S. 46). Denn Kinder denken

»immer von der Sache aus, ihrer Sache, der Sache, die sie antreibt. Und nicht von jener anderen, sekundären Sache, die Generationen von Fachleuten draus gemacht haben. Eine Anfängerdidaktik, die von dieser fertigen Physik aus plant, ist pädagogisch gesehen unsachlich« (Wagenschein, 2009, S. 47).

Das Interesse der Kinder für derartige Themen ist gegeben, vielleicht gehen sie mit ihren Fragen zu derartigen Sachverhalten sogar über die Annahmen pädagogischer Fachkräfte hinaus, wenn sie die Qualität einer guten Kita in Bezug auf die Auseinandersetzung mit Naturphänomenen so beschreiben:

»Kinder haben ein großes Interesse an der Auseinandersetzung mit existentiellen Lebensthemen und Naturphänomenen, wie z.B. Geburt, Fortpflanzung und Tod und denken gerne gemeinsam mit Erwachsenen darüber nach. [...] Sie wollen von den Erwachsenen in ihrer Art und Weise, sich selbst und die Welt explorativ zu erkunden, ernst genommen werden und schätzen es, wenn diese ihnen Angebote machen, ihr Wissen zu erweitern und zu vertiefen« (Nentwig-Gesemann, Walther & Thedinga, 2017, S. 60).

Professionelle Voraussetzungen zur Gestaltung von Interaktionen

Die Gestaltung derartiger Interaktionen ist nicht trivial. Eine förderliche Interaktionsgestaltung hängt vom fachlichen und fachdidaktischen Wissen (u.a. Wissen über Vorstellungen von Kindern zu Naturphänomenen und über Interaktionsstrategien, Hardy & Steffensky, 2013) und der Haltung pädagogischer Fachkräfte ab (Haus der kleinen Forscher, 2011). Denn qualitativ hochwertige Unterstützungsmaßnahmen (im Sinne kognitiver Lernunterstützung; ▶ Kap. 3) machen es notwendig, dass Fachkräfte einschätzen können, wie die individuellen Vorstellungen von Kindern ins Verhältnis zu den naturwissenschaftsbezogenen Deutungen eines Phänomens zu setzen sind, für das sowohl fachliches als auch fachdidaktisches Wissen benötigt werden (Leuchter & Saalbach, 2014):

»Mangelndes fachliches Wissen der begleitenden Person kann zu fachlichen Fehlern führen, die u. U. das Lernen der Kinder behindern. ... Um Begründungen einzuholen, ist es bereits notwendig, eine Vorstellung des fachlichen Gehalts zu haben und fachdidaktisch geleitet Präkonzepte der Kinder herauszuarbeiten. Damit Vergleiche angeregt werden können, die auf tieferliegende Merkmale der Lernmaterialien abzielen, müssen pädagogische Fachkräfte ... die Präkonzepte der Kinder kennen und Lernziele verstanden haben, die mit den Lernmaterialien erreicht werden können. Fachlich und fachdidaktisch noch anspruchsvoller ist das Anregen von kognitiven Konflikten, weil hier pädagogische Fachkräfte ... auf Grundlage eines ausgeprägten fachlichen und fachdidaktischen Wissens gezielt diagnostizieren und intervenieren müssen« (Leuchter & Saalbach, 2014, S. 120 f.).

Zimmermann (2012) fasst die hier notwendigen Kompetenzen von pädagogischen Fachkräften als *naturwissenschaftliche Frühförderkompetenz (NFFK)*, die sich in die Dimensionen Reflexionskompetenz, Selbstkompetenz, Sachkompetenz und Handlungskompetenz ausdifferenziert. Damit wird ein Katalog von Fähigkeiten beschrieben, der es pädagogischen Fachkräften ermöglichen soll, Kinder in der Auseinandersetzung mit Naturphänomenen nachhaltig zu unterstützen und konstruktiv zu begleiten.

Das Kompetenzprofil *Frühe naturwissenschaftliche Bildung* der Weiterbildungsinitiative Frühpädagogische Fachkräfte (Deutsches Jugendinstitut, 2018) führt diese Anforderungen differenziert aus, indem folgende Annahmen grundlegend sind:

»Zentral sind die Berücksichtigung der Perspektiven und Erfahrungen der Kinder, das Ermöglichen unmittelbarer Naturerlebnisse sowie die (gemeinsame) Auseinandersetzung mit Themen, Interessen und Vorstellungen auf kreative und dialogische Art und Weise. So kann die Neugier der Kinder wachgehalten und ihre intrinsische Motivation erhalten werden, um sie sukzessive auch an (objektivierende) Gesetzmäßigkeiten heranzuführen. Damit kann frühe naturwissenschaftliche Bildung dazu beitragen, die Welt (besser) zu verstehen« (Gebhard & Rehm 2018, S. 18 f.).

6.3 Möglichkeiten der Umsetzung im Kita-Alltag

Für die Umsetzung gelungener Interaktionen zur Auseinandersetzung mit Naturphänomenen ist insbesondere das Wissen pädagogischer Fachkräfte über Vorstellungen von Kindern zu Phänomenen und über Strategien für die Gestaltung förderlicher Interaktionen bedeutsam (Hardy & Steffensky, 2013).

Im Folgenden werden daher Möglichkeiten aufgezeigt, wie Vorstellungen und individuelle Ideen von Kindern zu Phänomenen aus der Natur im Kita-Alltag sichtbar und einer vertieften Auseinandersetzung zugänglich gemacht werden können (z. B. anhand von Konzeptdialogen). Daran anknüpfend werden Möglichkeiten für den Kita-Alltag aufgezeigt, um mit Kindern in nachhaltige Interaktionen treten und ihre individuellen Vorstellungen weiterführen zu können.

6.3.1 Der Blick auf die Kinder – die diagnostische Perspektive

Welche Themen beschäftigen Kinder? Welche Fragen verbinden sie mit einem spezifischen Phänomen? Wie erklären sie sich eine Naturerscheinung? Um in einem konstruktiven Dialog an die Fragen und Interessen von Kindern anknüpfen zu können, müssen pädagogische Fachkräfte diese zunächst einmal in Erfahrung bringen.

Übung 1: Zu den Fragen von Kindern
Ziel: Über Fragen von Kindern nachdenken, Sensibilität für das Frageverhalten/-vermögen von Kindern entwickeln
Material: –

Indem pädagogische Fachkräfte das Spiel von Kindern, ihre Gespräche untereinander (z. B. in einer Esssituation, beim Aufräumen, Anziehen usw.), die individuelle Auseinandersetzung mit spezifischen Gegebenheiten und Anforderungen im Kita-Alltag beobachten und analysieren, können sie Interessen, Fragen, individuelle Themen und Herausforderungen von Kindern erkennen. Schließlich sind individuelle Gespräche mit Kindern z. B. im Rahmen einer Bilderbuchbetrachtung, bei der Erstellung eines Bildes oder der gemeinsamen Erledigung einer Aufgabe Gelegenheiten, um Vorstellungen von Kindern über spezifische Phänomene zu erfragen.

> **Übung 2: Zu den Vorstellungen, Ideen und Interessen von Kindern**
> **Ziel:** Sensibilität für die Perspektiven von Kindern auf Naturphänomene entwickeln, die Perspektiven von Kindern verstehen lernen
> **Material:** –

Diese Gespräche können dann bereits der Ausgangspunkt für eine Interaktion sein, um das Verständnis des Kindes in Bezug auf das Phänomen differenzierter zu erfassen und durch geeignete Impulse zu vertiefen (Steffensky, 2017). In derartigen Situationen können insbesondere individuelle Voraussetzungen von Kindern (u. a. in Bezug auf den soziokulturellen Hintergrund, Sprache, Geschlecht, Migration, Behinderung) berücksichtigt werden, indem beispielsweise ein individuelles Verständnis eines Phänomens entlang der individuellen kindlichen Bedürfnisse gezielt erfragt wird, ggf. unter Hinzuziehung von Medien (Bilder, Fotos, Symbole etc.), die das Gemeinte veranschaulichen können.

Mit Konzeptdialogen Vorstellungen von Kindern sichtbar machen

Im Jahr 1991 entwickelten Naylor & Keogh (2000) Concept Cartoons® als ein Aufgabenformat, das das naturwissenschaftliche Lernen nachhaltig unterstützen sollte. Im Rahmen der Concept Cartoons® wird ein Phänomen zeichnerisch dargestellt, welches ebenso im Alltag der Kinder vorkommen kann (Schomaker, 2013). Das abgebildete Phänomen wird von den Kindern in Form eines

Cartoons kommentiert, wodurch sich ein Problem oder eine Fragestellung ergibt, die dann diskutiert werden soll. Lüschen und Schomaker (2012) erweiterten die Idee der Concept Cartoons®, indem sie die sich widersprechenden Äußerungen kindlicher Vorstellungen zu einem Thema (bspw. zum Thema Brückenbau) innerhalb der Cartoons durch Zeichnungen visualisieren und im Sinne des *dialogischen Lernens* (Ruf, 2008) die Kinder durch entsprechende Impulse konkret ansprechen (»Ich mache es so!«, »Wie machst du es?«) (Konzeptdialog). Die dialogische Struktur regt Kinder an, die skizzierten Aussagen gegeneinander abzuwägen und ihre eigenen Vorstellungen zum Ausdruck zu bringen, zu überprüfen und ggf. weiterzuentwickeln (Lüschen & Schomaker, 2012; Schomaker, 2013).

Für den Einsatz im Elementarbereich können die einzelnen Aussagen der Kinder in den Konzeptdialogen durch Bilder ersetzt werden, um ganz ohne Text auszukommen und den leseunkundigen Kindern einen Zugang zu den Aufgaben zu ermöglichen. Die befragten Kinder können ihre Vorstellungen und Erklärungen sowohl verbal als auch handelnd (unterstützt durch bereit gestellte Materialien) darlegen.

Konzeptdialog zur Stabilität einer Brücke aus Papier

Im Folgenden wird am Beispiel eines Konzeptdialogs zur Stabilität einer Brücke aus Papier der mögliche Ablauf eines Gesprächs mit einem Kind gezeigt. Im ersten Schritt wird das Kind aufgefordert selbst zu überlegen, wie es eine stabile Brücke aus Papier so bauen würde, dass diese einen Elefanten trägt. Als Material zur Veranschaulichung wurden ein Bildimpuls (▶ Abb. 6.1), ein Elefant (Spielzeugfigur), ein Stapel Papier sowie drei Bildkarten (Klebestift, Papier, Klebeband) zur Verfügung gestellt (▶ Anhang: Konzeptdialog zur Stabilität einer Brücke aus Papier – Gesprächsimpuls 1).

Im zweiten Schritt wird dem Kind der erweiterte Konzeptdialog (▶ Abb. 6.1) gezeigt, der durch den zweiten Teil des Gesprächsimpulses (▶ Anhang: Konzeptdialog zur Stabilität einer Brücke aus Papier – Gesprächsimpuls 2) begleitet wird.

6.3 Möglichkeiten der Umsetzung im Kita-Alltag

Abb. 6.1: Bildimpulse des Konzeptdialogs (aus Schomaker, 2015, S. 113)

Ziel ist es, auf der *Metaebene* über die Ideen der (anderen) Kinder ins Gespräch zu kommen, die Ideen der Kinder zu prüfen und die eigenen Vorstellungen zu den Ideen zum Ausdruck zu bringen.

Auf diese Weise können gezielt spezifische Phänomene zur Sprache gebracht und einzelne Aspekte fokussiert werden, die im Alltagszusammenhang evtl. schwer zu identifizieren oder aus dem komplexen Zusammenhang herauszulösen sind.

Beim Einsatz der Konzeptdialoge argumentieren die Kinder auf unterschiedlichen Ebenen und äußern so ihre Vorstellungen zur Stabilität von Brücken. Dadurch werden die Erklärungs- und Argumentationsmuster der Kinder und ihre impliziten Vorstellungen zum Phänomen deutlich, sodass an den Vorstellungen der Kinder angeknüpft werden kann. Folgende Argumentationsmuster konnten im Rahmen der KoAkiK-Studie[1] beispielsweise beobachtet und analysiert werden:

- Kinder argumentieren, dass sie nicht wissen, wie sie eine Brücke aus Papier bauen würden, weil sie das noch nicht gemacht haben
- Kinder argumentieren mit fantasiebezogenen Aussagen, indem sie dem Elefanten Eigenschaften zuschreiben (bspw. der Elefant kann fliegen oder der Elefant kann so weit springen, dass er keine Brücke benötigt)
- Kinder argumentieren fachlich und nehmen dabei verschiedene Aspekte in den Blick:

---

1 Forschungsprojekte »Alltagsintegrierte Unterstützung kindlicher Bildungsprozesse in inklusiven Kindertageseinrichtungen (KoAkiK I) und »Nachhaltige Implementation und differenzielle Wirksamkeit des Weiterqualifizierungsprojekts ›KoAkiK – Kognitive Aktivierung in inklusiven Kitas‹ (KoAkiK II), gefördert vom Niedersächsischen Ministerium für Wissenschaft und Kultur, Laufzeit 2017–2021. Arbeitsgruppen: Mackowiak, Wadepohl, Bethke, Johannsen, Keller, Linck, Mai; Werning, Lichtblau, Rothe, Disep; Schomaker, Hormann (alle Leibniz Universität Hannover); Walter, Feesche, Heinze, Kula (Medizinische Hochschule Hannover). https://www.ifs.uni-hannover.de/de/forschung/projekte/verbundprojekte-koakik/.

- Ein Blatt Papier reicht nicht, das ist zu dünn. Es würde reißen, deshalb benötigt man mehr Papier.
- Anderes Material wäre besser geeignet (bspw. Holz).
- Das Papier muss an den Seiten befestigt werden, weil die Brücke sonst nicht hält.

6.3.2 Interaktionen zu naturwissenschaftsbezogenen Bildungsprozessen gestalten

Ziel naturwissenschaftsbezogener Bildungsprozesse im Elementarbereich ist es in dem hier dargelegten Verständnis, Kindern die naturwissenschaftliche Perspektive auf einen Sachverhalt als eine (weitere) mögliche Deutung dieses Phänomens aufzuzeigen. Das bedeutet, dass die kindliche Perspektive auf einen Gegenstand stets Ausgangspunkt jeder Beschäftigung mit einem Phänomen ist und auf deren Grundlage weitere Perspektiven auf ein Phänomen entwickelt werden können. So können *Subjektivierungen* (individuelles Verständnis eines Phänomens, das sich auf dem Erleben im Alltag gründet) und *Objektivierungen* (Deutung des Phänomens durch die (Natur-)Wissenschaft) wechselseitig aufeinander bezogen werden, als zwei (gültige) Weisen des Umgangs mit einem Phänomen in ihrem jeweiligen Kontext betrachtet werden (Gebhard & Rehm, 2018; Pech & Rauterberg, 2005).

> **Übung 3: Zur Weiterentwicklung der Denkmodelle von Kindern**
> **Ziel:** Über die Erklärungs- und Argumentationsmuster der Kinder und über mögliche Anknüpfungspunkte nachdenken
> **Material:** –

Naturwissenschaftsbezogene Bildungsprozesse können ihren Anfang nehmen, indem Kinder gezielt an überraschende Ereignisse oder Situationen herangeführt werden, die im kindlichen Erfahrungshorizont und einer Atmosphäre der Geborgenheit liegen sowie in einem Rahmen stattfinden, der den Kindern genügend Zeit lässt, um sich auf die Phänomene einzulassen und Fragen zu entwickeln (Ansari, 2009; Schäfer, 2007; Stern, 2005). Denn »wichtiger als das Finden einfacher Lösungen ist das Entdecken der richtigen Fragen!« (Reggio Emilia, zitiert nach Dreier 2010, S. 91). Auf diese Weise soll es Kindern ermöglicht werden, eine Haltung des Staunens, des Fragens und Wissenwollens zu entwickeln (Scholz, 2006).

Ziel der zu gestaltenden Interaktion ist es, Kinder bei der Erarbeitung von Erklärungen zu unterstützen, die sie mit ihren eigenen Worten ausdrücken können, sodass anschlussfähiges Wissen konstruiert werden kann (Stern, 2005). Ereignisse und Erlebnisse im Umgang mit Naturphänomenen können so zunächst auf unterschiedliche Weise durch die Kinder erklärt werden. So können Kinder die Erfahrung machen, dass es verschiedene Wege gibt, ein Phänomen zu erklären, und dass diese sich untereinander auch widersprechen können. Im Spiel kann gemeinsam eine tragfähige Erklärung gefunden werden. Kinder können auf diese Weise die Erfahrung machen, dass eine eigenständig erarbeitete Erklärung im Handeln fruchtbarer und nachhaltiger ist als eine, die sie jemandem nachsprechen und letztlich (noch) nicht verstanden haben. Sie erhalten so ein Gefühl dafür, wann sie etwas verstanden haben und wann noch nicht (Stern, 2005).

Die hier beschriebenen Formen kognitiver Lernunterstützung beruhen auf der Annahme, individuelle Vorstellungen von Kindern zu einem Phänomen aufzugreifen und weiter auszudifferenzieren. Insofern werden auf diese Weise auch individuelle Bedürfnisse von Kindern, die sich durch einen je verschiedenen soziokulturellen Hintergrund, Sprache, Geschlecht, eine Behinderung usw. ergeben können, berücksichtigt, weil die Strategien kognitiver Lernunterstützung adaptiv an den Lernvoraussetzungen von Kindern ansetzen. Eine fortlaufende Diagnostik kindlicher Lernvoraussetzungen in diesem Sinne und die adaptive Unterstützung in der Auseinandersetzung mit Sachverhalten sind konstitutiv für eine Lernumgebung, in der *alle* Kinder sich konstruktiv mit Fragen zu Phänomenen beschäftigen können. Um in dieser Weise die Bedürfnisse von

6.3 Möglichkeiten der Umsetzung im Kita-Alltag

Kindern wahrnehmen und einschätzen zu können, ist es hilfreich, wenn Fachkräfte ihr eigenes Verhältnis zu Themen aus Natur und Technik reflektieren, um so auch Perspektiven von Kindern auf diese Inhalte einordnen zu können.

Im digitalen Anhang finden Sie Reflexionsfragen, die Sie unterstützen sollen, einerseits ihre eigene Perspektive auf Natur und Technik und andererseits die Perspektive von Kindern auf Natur und Technik in den Blick zu nehmen.

Übung 4.1: Reflexion der eigenen Perspektive auf Natur und Technik
Ziel: Über das eigene Verhältnis zu Themen aus Natur und Technik nachdenken
Material: –

Übung 4.2: Reflexion der Perspektive von Kindern auf Natur und Technik
Ziel: Über das Verhältnis von Kindern zu Themen aus Natur und Technik nachdenken
Material: –

Weiterführende Literaturtipps
König, A. (2012). Interaktion als didaktisches Prinzip. Bildungsprozesse bewusst begleiten und gestalten. Schaffhausen: Schubi.
Leuchter, M. (2017). Kinder erkunden die Welt. Frühe naturwissenschaftliche Bildung und Förderung. Stuttgart: Kohlhammer.
Steffensky, M. (2017). Naturwissenschaftliche Bildung in Kindertageseinrichtungen (WiFF-Expertise, Bd. 48). München: Deutsches Jugendinstitut.

Literatur

Anders, Y., Hardy, I., Pauen, S. & Steffensky, M. (2013). Zieldimensionen naturwissenschaftlicher Bildung im Kita-Alter und ihre Messung. In Y. Anders, I. Hardy, S. Pauen, J. Ramseger, B. Sodian & M. Steffensky (Hrsg.), Wissenschaftliche Untersuchungen zur Arbeit der Stiftung ›Haus der kleinen Forscher‹ (Bd. 5, S. 19–82). Schaffhausen: Schubi.

Ansari, S. (2009). Schule des Staunens. Lernen und Forschen mit Kindern. Heidelberg: Spektrum.

Beinbrech, C. & Möller, K. (2008). Entwicklung naturwissenschaftlicher Kompetenz im Sachunterricht. In H. Giest, A. Hartinger & J. Kahlert (Hrsg.), Kompetenzniveaus im Sachunterricht (S. 101–177). Bad Heilbrunn: Klinkhardt.

Bubeck, B. (n. d.). Naturwissenschaften zum Anfassen. Kindergarten heute. Freiburg: Herder.

Deutsches Jugendinstitut/Weiterbildungsinitiative Frühpädagogische Fachkräfte (WiFF) (Hrsg.) (2018). Frühe naturwissenschaftliche Bildung. Grundlagen für die kompetenzorientierte Weiterbildung (WiFF Wegweiser Weiterbildung, Bd. 13). München.

Dewey, J. (2000). Demokratie und Erziehung. Eine Einleitung in die philosophische Pädagogik. Weinheim/Basel: Beltz.

Dreier, A. (2010): Was tut der Wind, wenn er nicht weht? Begegnungen mit der Kleinkindpädagogik in Reggio Emilia. Berlin: Cornelsen Scriptor.

Fried, L. (2008). Bildung und didaktische Kompetenz. In W. Thole, H.-G. Rossbach, M. Fölling-Albers & R. Tippelt (Hrsg.), Bildung und Kindheit. Pädagogik der frühen Kindheit in Wissenschaft und Lehre (S. 141–151). Opladen: Budrich.

Gebhard, U. & Rehm, M. (2018). Auf dem Weg zum Verstehen der Welt: Sinn und Bedeutung früher naturwissenschaftlicher Bildung. In Deutsches Jugendinstitut/Weiterbildungsinitiative Frühpädagogische Fachkräfte (WiFF) (Hrsg.) (2018), Frühe naturwissenschaftliche Bildung. Grundlagen für die kompetenzorientierte Weiterbildung (WiFF Wegweiser Weiterbildung, Bd. 13, S. 13–20). München.

Hardy, I. & Kempert, S. (2011). Entwicklung und Förderung früher naturwissenschaftlicher Kompetenzen im Elementarbereich. In F. Vogt, M. Leuchter, A. Tettenborn, U. Hottinger, M. Jäger & E. Wannack (Hrsg.), Entwicklung und Lernen junger Kinder (S. 23–36). Münster: Waxmann.

Hardy, I. & Steffensky, M. (2013). Naturwissenschaftliches Wissen und fachdidaktisches Wissen. In Y. Anders, I. Hardy, S. Pauen, J. Ramseger, B. Sodian

& M. Steffensky (Hrsg.), Wissenschaftliche Untersuchungen zur Arbeit Stiftung ›Haus der kleinen Forscher‹ (Bd. 5, S. 64–71). Schaffhausen: Schubi.
Haus der kleinen Forscher (Hrsg.) (2011). Wissenschaftliche Untersuchungen zur Arbeit der Stiftung ›Haus der kleinen Forscher‹ (Bd. 2). Schaffhausen: Schubi.
Kasüschke, D. (2016). Kinderstärkende Pädagogik und Didaktik in der Kita. Stuttgart: Kohlhammer.
Kauertz, A. (2012). Naturwissenschaftliches Denken. In D. Kucharz (Hrsg.), Elementarbildung (S. 86–123). Weinheim/Basel: Beltz.
Kosler, T. (2016). Naturwissenschaftliche Bildung im Elementar- und Primarbereich. Zum naturwissenschaftlichen Denken mit Kindern im Kontext einer nachhaltigen Entwicklung. Bad Heilbrunn: Klinkhardt.
Leuchter, M. (2017). Kinder erkunden die Welt. Frühe naturwissenschaftliche Bildung und Förderung. Stuttgart: Kohlhammer.
Leuchter, M. & Saalbach, H. (2014). Verbale Unterstützungsmaßnahmen im Rahmen eines naturwissenschaftlichen Lernangebots in Kindergarten und Grundschule. Unterrichtswissenschaft, 42, H. 2, 117–131.
Lüschen, I. & Schomaker, C. (2012). Kinder erkunden die Welt. Zur Rolle von Lernaufgaben in altersübergreifenden Sachlernprozessen im Übergang vom Elementar- in den Primarbereich. In J. Kosinar & U. Carle (Hrsg.), Aufgabenqualität in Kindergarten und Grundschule. Grundlagen und Praxisbeispiele (S. 185–195). Baltmannsweiler: Schneider.
Möller, K. & Steffensky, M. (2010). Naturwissenschaftliches Lernen im Unterricht mit 4- bis 8-jährigen Kindern. In M. Leuchter (Hrsg.), Didaktik für die ersten Bildungsjahre. Unterricht mit 4- bis 8-jährigen Kindern (S. 163–178). Seelze: Kallmeyer/Friedrich.
Naylor, S. & Keogh, B. (2000). Concept cartoons in science education (The ConCISE Project). Sandbach: Millgate House.
Nentwig-Gesemann, I., Walter, B. & Thedinga, M. (2017). Kita-Qualität aus Kindersicht. Eine Studie des DESI-Instituts im Auftrag der Deutschen Kinder- und Jugendstiftung. Verfügbar unter: https://www.dkjs.de/fileadmin/Redaktion/Dokumente/programme/180914_Quaki_Abschlussbericht_web.pdf.
Pauen, S. & Roos, J. (2020). Entwicklung in den ersten Lebensjahren. München: Ernst Reinhardt
Pech, D. & Rauterberg, M. (2005): Auf den Umgang kommt es an. ›Umgangsweisen‹ als Ausgangspunkt einer Strukturierung des Sachunterrichts. Skizze der Entwicklung eines ›Bildungsrahmens Sachlernens‹. Verfügbar unter: https://www.widerstreit-sachunterricht.de/beihefte/beiheft5/beiheft5_2.pdf.
Prenzel, M. (2000). Lernen über die Lebensspanne aus einer domänenspezifischen Perspektive. In F. Achtenhagen & W. Lempert (Hrsg.), Lebenslanges

Lernen im Beruf – seine Grundlegung im Kindes- und Jugendalter. Bd. 4: Formen und Inhalte von Lernprozessen (S. 175–192). Opladen: Budrich & Leske.

Ruf, U. (2008). Das Dialogische Lernmodell. In U. Ruf, S. Keller & F. Winter (Hrsg.), Besser lernen im Dialog. Dialogisches Lernen in der Unterrichtspraxis (S. 13–23). Seelze: Kallmeyer.

Schäfer, G. E. (2007). Bildung beginnt mit der Geburt. Ein offener Bildungsplan für Kindertageseinrichtungen in Nordrhein-Westfalen. Berlin: Cornelsen.

Schäfer, G. E. (2011). Was ist frühkindliche Bildung? Kindlicher Anfängergeist in einer Kultur des Lernens. Weinheim und München: Juventa.

Scholz, G. (2006) (Hrsg.). Bildungsarbeit mit Kindern. Lernen ja – Verschulung nein! Mühlheim/Ruhr: Verlag an der Ruhr.

Schomaker, C. (2013). »Konzeptdialoge« als Aufgabenformat im Sachunterricht. Grundschule Sachunterricht, 59, 14–16.

Schomaker, C. (2015). Individuell und gemeinsam an Sachen lernen. Zur Gestaltung von Aufgaben in einem lernförderlichen Sachunterricht. In B. Behrensen, E. Gläser & C. Solzbacher (Hrsg.), Fachdidaktik und individuelle Förderung in der Grundschule. Perspektiven auf Unterricht in heterogenen Lerngruppen (S. 109–116). Baltmannsweiler: Schneider.

Steffensky, M. (2017). Naturwissenschaftliche Bildung in Kindertageseinrichtungen (WiFF-Expertise, Bd. 48). München: Deutsches Jugendinstitut.

Steffensky, M., Anders, Y., Barenthien, J., Hardy, I., Leuchter, M. & Oppermann, E. et al. (2018). Early Steps into Science – EASI Science. Wirkungen früher naturwissenschaftlicher Bildungsangebote auf die naturwissenschaftlichen Kompetenzen von Fachkräften und Kindern. In: Stiftung Haus der kleinen Forscher (Hrsg.), Wirkungen naturwissenschaftlicher Angebote auf pädagogische Fachkräfte und Kinder. Bd. 10. Wissenschaftliche Untersuchungen zur Arbeit der Stiftung ›Haus der kleinen Forscher‹ (S. 50–137). Schaffhausen: Schubi.

Stern, E. (2005). Wissenschaftliches Denken braucht sprachlichen Ausdruck. Sind Wasser-Experimente mit Vorschulkindern sinnvoll? Theorie und Praxis der Sozialpädagogik, 5(5), 4–6.

Wagenschein, M. (2009). Naturphänomene sehen und verstehen. Genetische Lehrgänge. Das Wagenschein-Studienbuch (4. Aufl.). Bern: hep der Bildungsverlag.

Wedekind, H. (2012). Naturwissenschaftlich-technische Bildung im Elementarbereich – der Versuch eines Überblicks. In K. Fröhlich-Gildhoff, I. Nentwig-Gesemann & H. Wedekind (Hrsg.), Forschung in der Frühpädagogik V: Schwerpunkt Naturwissenschaftliche Bildung – Begegnungen mit Dingen und Phänomenen (S. 13–32). Freiburg: FEL.

Zimmermann, M. (2012). Professionalisierung von Erzieherinnen im Bereich früher naturwissenschaftlicher Bildung – Ergebnisse einer mehrperspektivischen Längsschnittstudie. In: K. Fröhlich-Gildhoff, I. Nentwig-Gesemann & H. Wedekind (Hrsg.), Forschung in der Frühpädagogik V: Schwerpunkt Naturwissenschaftliche Bildung – Begegnungen mit Dingen und Phänomenen (S. 101–134). Freiburg: FEL.

7

Gesundheitsförderliche Interaktionsgestaltung im Kita-Alltag

Nicole R. Heinze, Julia Feesche, Antje Kula & Ulla Walter

7.1 Relevanz des Themas und Zielsetzung

Bei der Entwicklung gesundheitsförderlichen Verhaltens und der Herausbildung gesunder Lebensstile kommt frühpädagogischen Institutionen eine zentrale Rolle zu. Kindertageseinrichtungen (Kitas) sind wichtige Beteiligte für diese Lernprozesse. Sie zeichnen sich durch eine hohe Erreichbarkeit sogenannter vulnerabler Gruppen[1] aus und bieten einen Rahmen für frühe Maßnahmen und Angebote der Prävention und Gesundheitsförderung (PGF). So können ausgehend von den Lernerfahrungen in der Kita Voraussetzungen hinsichtlich der Gesundheit von Kindern und deren Familien geschaffen werden (Richter-Kornweitz & Altgeld, 2015).

Ausgehend vom Bildungsauftrag der Kitas (*§ 22 Grundsätze der Förderung SGB VIII*) wurden in den einzelnen Bundesländern Bildungs- und Orientierungspläne erstellt, die unter anderem den Themenkomplex »Körper – Bewegung – Gesundheit« beinhalten.

Darüber hinaus werden beispielsweise zentrale gesundheitsbezogene Themen in Kitas mit dem Gesundheitsziel »Gesund aufwachsen: Lebenskompetenz, Bewegung, Ernährung« für das Kindes- und Jugendalter benannt (GVG Gesellschaft für Versicherungswissenschaft und -gestaltung e. V., 2003). Insbesondere die Ernährung stellt in der frühen Kindheit einen wichtigen Baustein in der Prävention von Übergewicht und somit auch für die Vermeidung von damit assoziierten Erkrankungen (z. B. KHK, Diabetes Mellitus usw.) dar (Dadaczynski, Quilling & Walter, 2018). Wie Möglichkeiten für die Förderung gesunder Ernährung und die Vermittlung notwendiger Fähigkeiten für diesen Bildungsbereich erkannt und gelingend gestaltet werden können, wird in diesem Kapitel beleuchtet.

Leitfragen

- Wie kann die Komplexität des Themas Gesundheit im Setting Kita erkannt werden?
- Welche Rolle hat die Fachkraft als Mittelsperson und Vorbild von Gesundheitsthemen?
- Wie kann man die eigenen Fähigkeiten als Mittelsperson des Themas Ernährung analysieren und benennen?

---

1 »Aufgrund ihrer körperlichen und/oder seelischen Konstitution (z. B. Behinderung, psychische Störung, Schwangerschaft, hohes Alter) oder/und aufgrund ihrer besonderen sozialen Situation (z. B. obdachlose Frauen) verletzlichere (vulnerable) Personenkreise« (Hornberg, Schröttle, Khelaifat & Pauli, 2008).

> ♦ Welche Interaktionsmöglichkeiten zur Gestaltung von Gesundheitsförderung gibt es?

7.2 Zentrale Konzepte

Die zentralen Begriffe Gesundheit sowie PGF werden im Folgenden definiert und auf den Kontext (das Setting Kita) übertragen. Die Klärung der Bedeutung des Settings Kita ist dabei ebenso wichtig wie die Erörterung des Themenbereichs Ernährung als ein möglicher Förderbereich für Gesundheit. Beispielhaft wird die Einbettung des Themas Ernährung in den Kita-Alltag dargelegt.

7.2.1 Definition von Gesundheit

Für das Konstrukt Gesundheit finden sich in der (Fach-)Literatur viele Beschreibungen und Definitionen. Gesundheit muss dabei als dynamischer Zustand verstanden werden und wird auf der Basis von Hurrelmann und Richter (2013, S. 147) wie folgt definiert:

> »Gesundheit bezeichnet den dynamischen Zustand des Wohlbefindens einer Person, der gegeben ist, wenn diese Person sich psychisch und sozial in Einklang mit den Möglichkeiten und Zielvorstellungen und den jeweils gegebenen äußeren Lebensbedingungen befindet. Gesundheit ist das dynamische Stadium des Gleichgewichts von Risikofaktoren und Schutzfaktoren, das eintritt, wenn einem Menschen eine Bewältigung sowohl der inneren (körperlichen und psychischen) als auch äußeren (sozialen und materiellen) Anforderungen gelingt. Gesundheit ist ein dynamisches Stadium, das einem Menschen Wohlbefinden und Lebensfreude vermittelt.«

Eine Basis für dieses dynamische Verständnis von Gesundheit bietet das salutogenetische Modell nach Antonovsky (1991), in dem

Krankheit und Gesundheit die beiden Pole eines multifaktoriellen Kontinuums abbilden. Ein einzelnes Individuum ist folglich eher krank oder eher gesund, je nachdem wie nah es sich selbst an einem der beiden Endpunkte des Kontinuums verortet.

7.2.2 Definition von Prävention und Gesundheitsförderung

Als zentrale Begriffe zur Schaffung und Erhaltung von Gesundheit werden PGF meist gemeinsam genannt. Obwohl es sich um jeweils eigenständige Konzepte handelt, sind diese nicht immer konsequent voneinander abzugrenzen und perspektivabhängig.

Ausgehend von der Perspektive der medizinischen *Prävention* ist das wichtigste bevölkerungsbezogene Ziel die Vermeidung oder Verringerung des Auftretens, der Ausbreitung, der Schwere oder der negativen Auswirkung von Erkrankungen/Gesundheitsstörungen (Franzkowiak, 2018; Walter, Robra & Schwartz, 2012). Gesundheitsschädliche Bedingungen und Verhaltensmuster sollen reduziert werden, um der Entstehung von Krankheiten/Störungen vorzubeugen oder sie gänzlich zu vermeiden (Hurrelmann, Klotz & Haisch, 2014). Prävention zielt zudem auf die Steigerung der Lebenserwartung und -qualität sowie die Reduktion der ökonomischen Last für das Gesundheitssystem ab (Klotz, Haisch & Hurrelmann, 2006). Beispiele für Prävention sind unter anderem Impfungen, Bewegungsmaßnahmen sowie eine gesunde Ernährung. Dabei wird unterschieden, wann im dynamischen Gesundheits-/Krankheitsverlauf eine Maßnahme durchgeführt wird. Greift eine Maßnahme, bevor sich eine Krankheit oder Störung manifestiert hat, wird von Primärprävention gesprochen (z. B. Rötelnimpfung, zuckerarme Ernährung). Ist eine Person zwar beschwerdefrei, weist aber ein symptomloses Frühstadium auf (z. B. Glukoseintoleranz, eine Vorstufe des Diabetes mellitus Typ 2) und erfordert ein (ärztliches) Eingreifen, handelt es sich um Sekundärprävention. Ist der Patient bereits erkrankt und hat auch unmittelbare gesundheitliche Probleme (z. B. manifester Diabetes mellitus Typ II), werden ergriffene Schritte

z. B. gegen eine Verschlimmerung und Vermeidung von Folgeschäden (z. B. diabetischer Fuß) als Tertiärprävention bezeichnet. In den Kitas wird von Prävention zumeist im Sinne der Primärprävention gesprochen (z. B. Zahnarzt-Besuch zur Zahngesundheit, Vermittlung von Ernährungswissen zur Übergewichtsprävention): »Die Fähigkeiten und Chancen, im weiteren Leben gesundheitliche Potenziale zu nutzen oder auch Risiken zu vermeiden, hängen wesentlich davon ab, welche Kompetenzen und Orientierungen in den frühen Lebensphasen vermittelt werden konnten« (Richter-Kornweitz, 2018, S. 440). Daher wird im Folgenden von Prävention im Sinne der Primärprävention gesprochen.

Während medizinische Prävention eher auf Krankheiten und Risikofaktoren im Sinne der Vermeidung von Krankheit und gesundheitlichen Schäden fokussiert, ist das grundlegende Ziel von *Gesundheitsförderung*, die Gesundheit der Bevölkerung sowie gesundheitsbezogene Ressourcen zu stärken und zu fördern (▶ Abb. 7.1). Zu Ressourcen zählen unterschiedliche Aspekte, wie eine gesundheitsförderliche Umwelt, die sozial, mental und körperlich positiv auf das Individuum einwirkt, die eigene Selbstwirksamkeitsüberzeugung oder auch vorhandene Handlungskompetenzen in Bezug auf Gesundheit (Kaba-Schönstein, 2018). In Summe kann so durch die Reduktion der Belastungen oder potenziellen Risiken in der Prävention sowie die Ressourcenstärkung in der Gesundheitsförderung eine Verbesserung des individuellen Befindens auf dem Gesundheits-Krankheits-Kontinuum herbeigeführt werden.

Gesundheitsförderung schließt sowohl die positive Veränderung des (gesundheitsbezogenen) individuellen Verhaltens als auch der (gesundheitsbezogenen) Verhältnisse (Umweltbedingungen) ein. Sie fokussiert die Befähigung der Menschen, selbstständig über die Bedingungen ihrer Gesundheit – körperliches, psychisches und soziales Wohlbefinden – bestimmen zu können. Die Förderung der Gesundheit gilt als Voraussetzung für eine höhere Lebensqualität (World Health Organisation, 2005).

7.2 Zentrale Konzepte

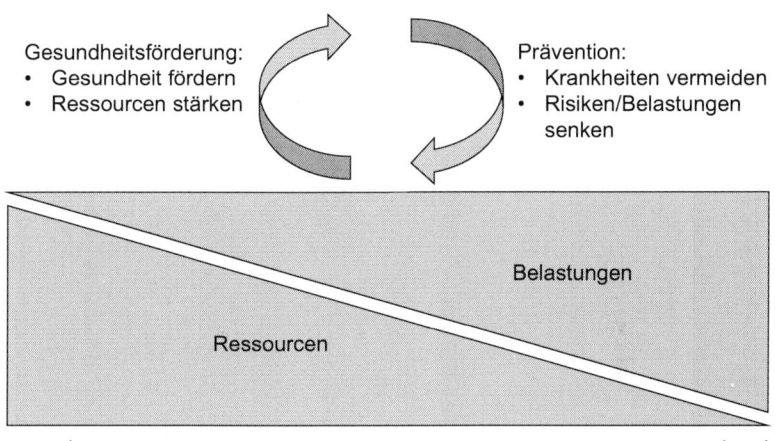

Abb. 7.1: Ansatz der Gesundheitsförderung und Prävention (eigene Abbildung U. Walter)

7.2.3 Setting Kita

In der Gesundheitsförderung kommt dem Setting, hier die Lebenswelt, in der die Zielgruppe agiert und einen entscheidenden Teil ihrer Zeit verbringt, eine zentrale Rolle zu. Sowohl für die Kinder und ihre Familien als auch für die pädagogischen Fachkräfte ist die Kita eine wichtige Lebenswelt (Richter-Kornweitz & Altgeld, 2015) und daher für Maßnahmen der PGF prädestiniert. Settings (z. B. Kita oder Wohnumfeld) beeinflussen wesentlich eine gesunde Lebensführung (Kilian, Brandes & Köster, 2008). Mit dem Inkrafttreten des Präventionsgesetzes werden seit 2016 Settings in ihrer Bedeutung gestärkt mit dem Ziel, gesundheitsförderliche Rahmenbedingungen zu schaffen, die gesundheitliche Chancengleichheit zu erhöhen und den Einfluss von Faktoren sozialer Ungleichheit auf Gesundheit zu reduzieren (GKV-Spitzenverband, 2018). Dabei sollen diese Maßnahmen alle, auch schwer erreichbare, Bevölkerungsgruppen adressieren und bei der Gestaltung ihres Umfeldes miteinbeziehen.

> **Kasten 7.1: Gesundheitsförderung in Kindertagesstätten**
> »Gesundheitsförderung in Kindertagesstätten setzt im Alltag an. Sie soll Lebens- und Arbeitsbedingungen in der Einrichtung berücksichtigen und ein positives Konzept von Gesundheit vermitteln. Im Mittelpunkt steht dabei nicht nur die Förderung von gesundheitsrelevanten Einstellungen und Verhaltensweisen, sondern auch die Entwicklung der nötigen Rahmenbedingungen. Zur Gesundheitsförderung in Kindertageseinrichtungen gehören Angebote und Aktivitäten für alle, die sich dort regelmäßig aufhalten, sowie die Zusammenarbeit mit relevanten Institutionen und Einzelpersonen im sozialen Umfeld der Einrichtung. Das Ziel ist, die gesamte Kindertagesstätte zu einer gesunden Lebenswelt zu machen.« (Richter-Kornweitz, 2018, S. 440)

7.2.4 Prävention und Gesundheitsförderung in Kitas

PGF in der frühkindlichen Lebensphase umfasst in erster Linie die Entwicklung und Unterstützung gesundheitsbezogener Fähigkeiten, die als Grundlage für die Herausbildung eines gesunden Lebensstils dienen. Darüber hinaus können gesundheitsbezogene Einstellungen über frühkindliche Bildung vermittelt werden; die Bedeutung der Förderung beider Aspekte (Fähigkeiten und Einstellungen) in den ersten Lebensjahren wird in der Literatur betont (Jerusalem, Klein-Heßling & Mittag, 2003; Lohaus, Jerusalem & Klein-Heßling, 2006). Das Verhältnis von Bildung und Gesundheit beschreiben Voss und Viernickel (2016) in der Einleitung zu ihrer Veröffentlichung »Gute gesunde Kita« als wechselseitige Bedingung. Darunter ist zu verstehen, dass einerseits Gesundheit gleichzeitig Grundlage und Ergebnis eines gelingenden Bildungsprozesses ist und dass andererseits Bildung gleichzeitig Voraussetzung und Resultat eines gesundheitsförderlichen Settings darstellt. Die Umsetzung des Bildungsanspruchs im Bereich Gesundheit in Kitas ist daher mitentscheidend bei der Ausprägung von gesundheitsförderlichen Verhaltensmustern (Lampert, Saß, Häfelinger & Ziese, 2005). PGF in Kitas ist immer als umfassendes Konstrukt zu verstehen, in welchem u. a. pädagogische, psychologische und gesundheitswissenschaftliche Ansätze interdisziplinär verbunden und in den Alltag integriert werden. Ein Beispiel ist die Vermittlung eines gesunden Hunger- und Sättigungsgefühls. Den Kindern kann in der Kita bei gemeinsamen Mahlzeiten beigebracht werden, ihr Körpergefühl wahrzunehmen und darauf zu achten, um Nahrung nicht als Bewältigungsstrategie für Stress einzusetzen. Dies kann dazu beitragen Übergewicht zu vermeiden und ein gesundes Verhältnis zum eigenen Körper zu fördern. Dabei stehen die Kinder mit all ihren Ressourcen und Bedürfnissen ebenso im Fokus wie die pädagogischen Fachkräfte, die durch Sensibilisierung und Schaffung der optimalen Gegebenheiten diesen gesunden Lebensstil ermöglichen können (Aue, Eichner, Grünewald-Funk, Kottenkamp & Tillmann, 2015).

Im Setting Kita wird als wichtiges Thema neben der Bewegung, der Körperwahrnehmung und der Zahngesundheit die Förderung einer gesunden Ernährung betont (BZgA, 2001). Diese wird im Folgenden wird exemplarisch für einen Bereich der PGF fokussiert.

7.2.5 Das Thema Ernährung im Kita-Alltag

Bei der Entwicklung von gesundem Verhalten kommt sowohl den Erziehungsberechtigten als auch den pädagogischen Fachkräften in der Kita eine besonders wichtige Rolle zu, da sich Kinder, gerade in den ersten Lebensjahren sehr stark an Vorbildern orientieren (Schneider, 2017). Erziehungsberechtigte und pädagogische Fachkräfte können in ihrer Vorbildfunktion über Ernährungserziehung und -bildung in ihrer jeweiligen Lebenswelt (Familie und Kita) zu einem gesundheitsförderlichen Ernährungsstil beitragen und so die Basis für gesundheitsförderliche Fähigkeiten und ein gesundes Leben legen.

Neben der strukturellen Erhöhung der Qualität der angebotenen Mahlzeiten in der Kita (z. B. durch die Beachtung von Verpflegungsempfehlungen, beispielsweise die Bremer Checkliste oder der DGE-Qualitätsstandard für die Verpflegung in Tageseinrichtungen für Kinder; Atens-Kahlenberg und Bücking, 2018; Arens-Azevêdo et al., 2018) bieten gemeinsame Mahlzeiten in der Kita viele Möglichkeiten, um mit den Kindern über (gesunde) Ernährung ins Gespräch zu kommen und/oder spezifische Aspekte der Gesundheitsförderung zu vermitteln. Über die Kommunikation bei Tisch kann zudem die Neugier der Kinder für ihnen unbekannte Lebensmittel geweckt und Wissen über die verzehrten Speisen vermittelt werden (Engelhardt, Graffmann-Weschke & Schulz-Greve, 2012).

Ernährung kann auch in anderen alltäglichen Situationen als Thema angesprochen und in den Kita-Alltag implementiert werden. So können in verschiedenen Spiel- oder Gruppensituationen (z. B. Morgenkreis, Brett- und Kartenspiele) oder auf dem Außengelände (z. B. Gemüsebeet, Obstgarten) ernährungsbezogene Situationen als Interaktionsanlässe genutzt werden.

Über den interaktionellen Teil hinaus bieten Essenssituationen viele Möglichkeiten zur Gesundheitsförderung. Von ernährungsbezogenem Wissen über sensorische und motorische Fähigkeiten, kulturelle Werte und Normen bis hin zu psychosozialen Komponenten werden dabei viele Bereiche tangiert (Höhn, 2017). Beispielsweise werden beim Kauvorgang unterschiedlichste Muskelgruppen trainiert, die für Artikulation und Nahrungsverwertung wichtig sind, die Hand-Mund-Koordination wird geschult und der Umgang mit Besteck sowie der generelle Greifmechanismus trainiert (Methfessel, Höhn & Miltner-Jürgensen, 2016). Die Wahrnehmungsdifferenzierung ist ein weiterer wichtiger Bereich. Hier geht es darum, dass Kinder lernen, mit allen Sinnen Ernährung zu erleben. Der Geschmacks- und Geruchssinn wird ebenso angesprochen wie die Fähigkeit, sich selbst durch das Wahrnehmen von Körpersignalen zu regulieren. Dabei spielen unterschiedliche Konsistenzen, Geschmäcker sowie das Sättigungs-, Durst- und Hungergefühl eine tragende Rolle (Bartsch et al., 2013).

7.3 Möglichkeiten der Umsetzung im Kita Alltag

Die Vermittlung sowie der Erwerb von ernährungs- und somit auch gesundheitsbezogenen Fähigkeiten über eine einfache, aber gesund gestaltete Mahlzeit oder kleine Spiele und Entdeckungsmöglichkeiten für die Kinder kann den Kita-Alltag bereichern und eine Grundlage für ein ernährungsbewusstes und gesundes Leben legen. Darüber hinaus können Regeln über feste Essenszeiten und -räume (Arens-Azevêdo et al., 2018) oder Anregungen zum Trinken durch aufgestellte Wasserspender (Lücke, Kersting & Pohlhausen, 2017) die Rahmenbedingungen für eine gesundheitsförderliche Kita verbessern.

7.3.1 Diagnostische Perspektive

Um sich bewusst zu werden, welche Fähigkeiten die Fachkräfte zur Förderung des Ernährungs-/Gesundheitswissens mitbringen und welche Möglichkeiten/Voraussetzungen in der Kita vorliegen, ist es sinnvoll, eine Bestandsaufnahme zu gesundheitsförderlichen Aspekten und Rahmenbedingungen durchzuführen.

Reflexionsfragen

- Wo begegnet Ihnen in Ihrem Arbeitsalltag das Thema Ernährung?
- Was ist Ihnen im Kita-Kontext beim Thema Ernährung wichtig?
- Wie sind Situationen gestaltet, in denen Sie das Thema Ernährung im Kita-Alltag aufgreifen?
- Wie beteiligen sich die Kinder hierbei?

Eine Methode, die für eine Bestandsaufnahme zur Evaluierung der Möglichkeiten zur Gesundheitsförderung in der Kita herangezogen werden kann, ist die SWOT-Analyse. Im Jahr 1960 an der Harvard Business School zur Anwendung in Unternehmen entwickelt, dient sie eigentlich der strategischen Planung von Unternehmen (Kotler, Berger & Bickhoff, 2010). SWOT ist dabei ein Akronym aus den englischen Begriffen *Strength* (Stärken), *Weaknesses* (Schwächen), *Opportunities* (Möglichkeiten) und *Threats* (Risiken).

Eine SWOT-Analyse kann im Kita-Kontext helfen, die vorhandenen Verhältnisse der Einrichtung zu analysieren und die Fähigkeiten des Teams einzuschätzen. Dazu sollen die persönlichen Fähigkeiten jeder Fachkraft sowie des gesamten Teams und der Einrichtung in Bezug auf das Thema Ernährung herausgearbeitet werden. Auf diesem Weg wird ermittelt, ob und, wenn ja, welche strukturellen, organisatorischen und konzeptionellen Verhältnisse und Potenziale in der Kita vorliegen, in denen gesunde Ernährung gefördert werden kann. Es bietet sich an, zunächst allein und anschließend gemeinsam im Team die eigenen Stärken, Schwächen, Möglichkeiten und Risiken bewusst zu analysieren. Auf dieser Grundlage können im Team Ideen entwickelt werden, um die Rahmenbedingungen der Kita hinsichtlich des Aspekts gesunder Ernährung – aber auch jedes anderen Aspekts – zu verbessern.

Die ermittelten Potenziale (z. B. die häufigere Nutzung von ernährungsbezogenen Fortbildungen; eine stärkere Einbindung des Küchenteams) können dazu genutzt werden, neue Ideen und Angebote für die Kita zu schaffen, die sich auf gesunde Ernährung beziehen. Für die Planung entsprechender Angebote ist es zudem wichtig zu wissen, welche Risiken (z. B. Weggang einer im Thema engagierten Fachkraft, fehlende Unterstützung von Angeboten durch Erziehungsberechtigte) vorhanden sind, um ggf. alternative Ideen (Plan B) zu generieren. Auch vorhandene Stärken (z. B. gut laufende Ernährungsangebote, Kooperationen mit der regionalen Landwirtschaft) und Schwächen (z. B. häufige Verwendung von Fertigprodukten in der Küche) werden im Rahmen der SWOT-Analyse ermittelt. Die Ergebnisse können somit genutzt werden, Ver-

7.3 Möglichkeiten der Umsetzung im Kita Alltag

änderungen anzuregen und/oder die Stärken selbstbewusster zu präsentieren.

> **Übung 1: Bestandsaufnahme für die Kita hinsichtlich der Förderung gesunder Ernährung (einzeln und als Team)**
> **Ziel:** Ermittlung der Stärken, Schwächen, Möglichkeiten und Risiken der Kita/der Fachkraft hinsichtlich des Themas gesunde Ernährung mittels einer SWOT-Analyse.
> **Material:** –

Ausgehend von dieser Bestandsaufnahme, die regelmäßig wiederholt bzw. angepasst werden kann, da sich die Verhältnisse im Setting stetig ändern (z. B. veränderte Teamkonstellation), kann die Förderung der kindlichen Fähigkeiten gelingen und Ernährungsbildung sowie Vermittlung von Gesundheitswissen umgesetzt werden.

7.3.2 Förderperspektive

Ernährungsthemen sind ein fester Bestandteil im Kita-Alltag und als Förderanlass nicht nur in Situationen relevant, in denen gegessen wird. Essenssituationen bieten sich insbesondere dafür an, (ernährungsbezogenes) Wissen und die Entwicklung der kindlichen Fähigkeiten in diesem Bereich zu fördern; darüber hinaus können im Kita-Alltag ganz unterschiedliche Lern- und Bildungsanlässe in Bezug auf Ernährung identifiziert und genutzt werden (▶ Kap. 7.2.5).

> **Reflexionsfragen**
>
> • Welche Situationen fallen Ihnen im Kita-Alltag ein, in denen Ernährung thematisiert wird oder in denen Sie gemeinsam mit Kindern Mahlzeiten gestalten?
> • Wie sieht die gemeinsame Gestaltung konkret aus?

7 Gesundheitsförderliche Interaktionsgestaltung im Kita-Alltag

Im Folgenden werden Anreize, Beispiele und Handlungsvorschläge für die gesundheitsförderliche Ausgestaltung von ernährungsbezogenen Situationen genannt und für die alltägliche Arbeit in der Kita konkretisiert. Während es im ersten Teil vor allem um die Gestaltung und Planung von Mahlzeiten geht, wird im zweiten Teil dieses Kapitels der Blick auf Situationen gelenkt, in denen nicht (gemeinsam) gegessen wird, sondern alltägliche Situationen als ernährungsbezogene Förderanlässe genutzt werden können.

Gemeinsame Mahlzeiten von Kindern und Fachkräften sind ein fester Bestandteil im täglichen Ablauf der Kita geworden. Viele Kinder essen mindestens zwei Mahlzeiten pro Tag (Frühstück und Mittagessen) in der Kita, teilweise sogar noch eine dritte Mahlzeit am Nachmittag. Das gemeinsam gestaltete Frühstück bietet dabei beispielsweise vielfältige Gestaltungsmöglichkeiten. Häufig sind diese Situationen so gestaltet, dass die Kinder kein eigenes Essen mitbringen, sondern in Absprache mit den Familien eingekauft wird. Innerhalb dieser Situation gibt es gelegentlich auch themengebundene Angebote (z. B. Weihnachten, Eltern-Kind-Frühstück). Neben der Zubereitung können die Kinder (und ihre Familien) bei solchen Aktivitäten zusätzlich in die Planung einbezogen werden.

Es bieten sich zusätzlich viele weitere Möglichkeiten bei der Gestaltung einer Mahlzeit, wie hier am Beispiel des Frühstücks erörtert, Ernährungsthemen gemeinsam mit den Kindern zu erkunden. Beispielsweise kann dies mit einem Besuch auf dem Bauernhof, im Supermarkt, auf dem Markt oder in der Fleischerei verknüpft werden. Kinder lernen so, wo ihr Essen herkommt oder wie es im Rohzustand aussieht. In den Anbau von Gemüse und die Zubereitung der Nahrungsmittel können die Kinder ebenfalls einbezogen werden. Neben dem Schälen und Schneiden von Obst oder Gemüse kann gemeinsam gekocht oder gebacken werden.

Entscheidend für die gelingende Gestaltung der Situation sind deren Planung und Umsetzung. Die erfolgreiche Durchführung hängt insbesondere von der Begleitung der pädagogischen Fachkräfte und deren Engagement ab. Hier kommt ihre Vorbildfunktion zum Tragen. Das eigene Verhalten gegenüber Lebensmitteln und dem Essen sollte daher immer wieder reflektiert werden (Schneider, 2017). In der Planungs- und Umsetzungsphase von Mahlzeiten haben Fachkräfte verschiedene Möglichkeiten, eigene Impulse zu setzen und Kinder je nach Entwicklungsstand miteinzubeziehen. Darüber hinaus sind die Tisch- und Raumgestaltung sowie die Essenszeiten wichtige Faktoren für die Herstellung einer angenehmen und angemessenen Essatmosphäre (Arens-Azevêdo et al., 2018).

Reflexionsfragen

- Wie bewerten Sie die Atmosphäre bei den Mahlzeiten in Ihrer Einrichtung?
- Was gefällt Ihnen gut und wo sehen Sie Verbesserungspotential?

Einhergehend mit einer angenehmen Umgebung bei den Mahlzeiten ist eine altersgerechte Gestaltung wichtig, ebenso ist für den Ablauf die Absprache von Regeln und Praktiken sinnvoll. Dabei ist jedoch zu bedenken, dass mit gewissen Regeln (z. B. beim Essen wird nicht gesprochen) auch Folgen einhergehen (Essen nur schwer als Interaktions- und Gesprächsanlass nutzbar) und diese ggf. hinterfragt und abgewandelt werden müssen (angemessene Lautstärke bei Tischgesprächen).

Eng damit verbunden ist die Esskultur der Kita. Hier sind die pädagogischen Fachkräfte vor die Herausforderung gestellt, für die Kinder in ihrer Einrichtung eine Brücke zwischen der familiären Esskultur und derjenigen in der Kita zu bauen (Methfessel et al., 2016). Dabei spielt die Heterogenität der Kinder und ihrer Familien bezüglich kultureller und religiöser Ausprägungen eine Rolle. Diese zeigt sich insbesondere in verschiedenen Essenspraktiken. Daraus bietet sich eine große Chance für die Gestaltung von Mahlzeiten, wenn diese Heterogenität als Möglichkeit verstanden wird, Kinder für verschiedene Kulturen, Werte und Normen zu sensibilisieren (Höhn, 2017). Solche Situationen zu erkennen und zu gestalten ist eine Herausforderung und bedarf daher auch einigen Austauschs im Team und mit den Familien.

Übung 2: Mahlzeiten kultursensibel gestalten
Ziel: Die Kinder sollen unterschiedliche Esskulturen und damit verbundene Speisen, Regeln und Wertvorstellungen kennenlernen.
Material: –

Neben verschiedenen Festlichkeiten und Feiertagen, zu deren Anlass eine entsprechende Mahlzeit geplant werden kann, bieten regionale Besonderheiten sowie saisonale Lebensmittel die Chance, mit den Kindern neue Gerichte und unbekannte Geschmackserlebnisse kennenzulernen. Die Einhaltung religiöser oder medizinischer Nahrungsvorschriften ist dabei ebenso wichtig wie die verständliche und kindgerechte Vorstellung der enthaltenen Lebensmittel (Lamm, 2019).

Auch abseits des Esstisches und der Mahlzeiten kann Ernährung im Kita-Alltag ein sehr präsentes Thema sein. So können Kinder über Brett- und Kartenspiele, die auf das Thema Ernährung Bezug nehmen, Lebensmittel erkennen und unterscheiden lernen. Viele Spielbereiche (z. B. Rollenspiel) oder andere Themenräume verfügen über eine Kinderküche mit kindgerechtem Mobiliar sowie Obst und Gemüse und anderen Lebensmitteln aus verschiedenen Materialien, die von Kindern in ihr Spiel integriert werden können.

Auch außerhalb des Gruppenraums und der Kita gibt es viele Möglichkeiten, um mit Kindern in den Austausch über ernährungsbezogene Themen zu kommen. Einige Einrichtungen haben auf ihrem Außengelände einen eigenen Kräutergarten oder pflanzen selbst Gemüse oder Obst an. Anschließend können diese Lebensmittel in den Speiseplan aufgenommen werden.

7.3 Möglichkeiten der Umsetzung im Kita Alltag

> **Reflexionsfragen**
>
> - Welche Spiele, Spielzeuge, Angebote etc. mit einem Ernährungsbezug gibt es in Ihrer Einrichtung?
> - Welche Angebote/Aktionen auf dem Außengelände der Kita zum Thema Ernährung bieten Sie an?

In all diesen ernährungsbezogenen Bildungsanlässen ist es notwendig, dass pädagogische Fachkräfte mit den Kindern in den gemeinsamen Austausch gehen, um sie zu animieren, Neues auszuprobieren und eigene Erfahrungen zu sammeln. Die Fachkräfte müssen sich darüber hinaus darauf einlassen, Unbekanntes kennenzulernen.

Die gemeinsame Interaktion mit den Kindern steht dabei stets im Vordergrund. Mit den beiden vorgestellten Konzepten des Scaffolding (Wood, Bruner & Ross, 1976) und Sustained Shared Thinking (SST, Siraj-Blatchford et al., 2003) (▶ Kap. 3) sind zwei Möglichkeiten beschrieben worden, um Interaktionen mit Kindern gelingend und auch auf gesundheitsbezogene Themen anwendbar zu gestalten. Während beim SST im Austausch mit Kindern gemeinsam Neues oder Unbekanntes erkundet und viel ausprobiert wird, kann es beim Scaffolding eher um ein zielgerichtetes Kennenlernen fremder Lebensmittel, Regeln oder Rituale gehen.

Im Kita-Alltag gibt es viele Situationen, die für gemeinsame Interaktionen mit einem Bezug zu Ernährung genutzt und dabei beispielsweise mit lernunterstützenden Dialogen nach den Prinzipien des SST oder Scaffolding gestaltet werden können. Ein Beispiel-Dialog zur Orientierung findet sich im digitalen Anhang dieses Kapitels.

7 Gesundheitsförderliche Interaktionsgestaltung im Kita-Alltag

> **Übung 3: Ernährungsbezogene Dialoge**
> **Ziel:** Entwicklung eines Dialogs in einer ernährungsrelevanten Situation im Kita-Alltag unter Einbezug eines lernunterstützenden Konzepts (SST, Scaffolding; ▶ Kap. 3).
> **Material:** –

Die größte Herausforderung ist dabei, gesundheitsbezogene Situationen im Kita-Alltag zu erkennen, sich mit diesen auseinanderzusetzen und Dialoge auf eine Weise zu gestalten, dass die kindlichen Lern- und Bildungsprozesse optimal angeregt und unterstützt werden können.

Literatur

Antonovsky, A. (1991). Meine Odyssee als Streßforscher. In Jahrbuch für kritische Medizin (Bd. 17, S. 112–130). Berlin: Argument.

Arens-Azevêdo, U., Bölts, M., Fahmy, S., Girbardt, R., Hoffmann, C. & Oberritter, H. et al. (2018). DGE-Qualitätsstandard für die Verpflegung in Tageseinrichtungen für Kinder (5. Aufl., 3. korrigierter Nachdruck). Bonn: Deutsche Gesellschaft für Ernährung e.V. (DGE). Verfügbar unter: https://dge-hessen.de/wp-content/uploads/2017/08/QS-Kindertagesstaetten-07-2015.pdf.

Aue, K., Eichner, M., Grünewald-Funk, D., Kottenkamp, W. & Tillmann, L. (2015). Schritt für Schritt zur gesundheitsfördernden Kita. In Plattform Ernährung und Bewegung e.V. (Hrsg.), Praxis-Leitfaden für pädagogische Fachkräfte (2. Aufl., S. 33–40). Verfügbar unter: https://www.in-form.de/fileadmin/Dokumente/PDF/KiCo-Praxis-Leitfaden.pdf.

Bartsch, E., Büning-Fesel, M., Cremer, M., Heindl, I., Lambeck, A., Lührmann, P., Oepping, A., Rademacher, C., Schulz-Greve, S. (2013). Ernährungsbildung – Standort und Perspektiven. Ernährungs-Umschau 2/2013 (S. 84–95). Verfügbar unter: https://www.ernaehrungs-umschau.de/fileadmin/Ernaehrungs-Umschau/pdfs/pdf_2013/02_13/EU02_2013_M084_M095.qxd.pdf.

Literatur

Dadaczynski, K., Quilling, E. & Walter, U. (Hrsg.) (2018). Übergewichtsprävention im Kindes- und Jugendalter. Grundlagen, Strategien und Interventionskonzepte in Lebenswelten. Bern: Hogrefe.

Engelhardt, A., Graffmann-Weschke, K. & Schulz-Greve, S. (2012). Essen und Trinken in der guten gesunden Kita. Ein Leitfaden zur Qualitätsentwicklung. Verfügbar unter: https://www.vernetzungsstelle-berlin.de/fileadmin/downloadDateien/Leitfaden_Kita_komplett.pdf.

Franzkowiak, P. (2018). Prävention und Krankheitsprävention. In Bundeszentrale für gesundheitliche Aufklärung (BZgA) (Hrsg.), Leitbegriffe der Gesundheitsförderung und Prävention. Glossar zu Konzepten, Strategien und Methoden (S. 776). Verfügbar unter: https://www.leitbegriffe.bzga.de/fileadmin/user_upload/leitbegriffe/e-Books/E-Book_Leitbegriffe_2018_08.pdf.

GKV-Spitzenverband (Hrsg.) (2018). Leitfaden Prävention. Handlungsfelder und Kriterien nach § 20 Abs. 2 SGB V. Leitfaden Prävention. In stationären Pflegeeinrichtungen nach § 5 SGB XI. Verfügbar unter: https://www.gkv-spitzenverband.de/media/dokumente/presse/publikationen/Leitfaden_Pravention_2018_barrierefrei.pdf.

GVG Gesellschaft für Versicherungswissenschaft und -gestaltung e. V. (2003). Gemeinsame Ziele für mehr Gesundheit. Verfügbar unter: http://gesundheitsziele.de/.

Höhn, K. (2017). Essen bildet! Mahlzeiten als Lernsetting entdecken [Themenheft]. kindergarten heute – Das Fachmagazin für Frühpädagogik. Freiburg: Herder.

Hornberg, C., Schröttle, M., Khelaifat, N. & Pauli, A. (2008). Gesundheitliche Folgen von Gewalt unter besonderer Berücksichtigung von häuslicher Gewalt gegen Frauen [Themenheft 42]. Berlin: Robert Koch-Institut.

Hurrelmann, K., Klotz, T. & Haisch, J. (Hrsg.) (2014). Lehrbuch Prävention und Gesundheitsförderung (4. Aufl.). Bern: Hogrefe.

Hurrelmann, K. & Richter, M. (2018). Gesundheits- und Medizinsoziologie. Eine Einführung in sozialwissenschaftliche Gesundheitsforschung (8. Aufl.). Weinheim: Beltz Juventa.

Jerusalem, M., Klein-Heßling, J. & Mittag, W. (2003). Gesundheitsförderung und Prävention im Kindes- und Jugendalter. Journal of Public Health, 11 (3), 247–262.

Kaba-Schönstein, L. (2018). Gesundheitsförderung 1: Grundlagen. In: Bundeszentrale für gesundheitliche Aufklärung (BZgA) (Hrsg.), Leitbegriffe der Gesundheitsförderung und Prävention. Glossar zu Konzepten, Strategien und Methoden (S. 227–238). Köln: Herausgeber. Verfügbar unter: https://www.leitbegriffe.bzga.de/fileadmin/user_upload/leitbegriffe/e-Books/E-Book_Leitbegriffe_2018_08.pdf.

Kilian, H., Brandes, S. & Köster, M. (2008). Die Praxis der soziallagenbezogenen Gesundheitsförderung. Handlungsfelder, Akteure und Qualitätsentwicklung. GGW, 8(2), 17–26. Verfügbar unter: https://www.wido.de/fileadmin/Dateien/Dokumente/Publikationen_Produkte/GGW/wido_ggw_0208_kilian_et_al.pdf.

Klotz, T., Haisch, J. & Hurrelmann, K. (2006). Prävention und Gesundheitsförderung: Ziel ist anhaltend hohe Lebensqualität. Deutsches Ärzteblatt, 103 (10), 606–609. Verfügbar unter: https://www.aerzteblatt.de/pdf.asp?id=50488.

Kotler, P., Berger, R. & Bickhoff, N. (2010). The quintessence of strategic management. What you really need to know to survive in business. Berlin: Springer.

Lamm, B. (2019). Mahlzeiten in der KiTa kultursensitiv gestalten. Verfügbar unter: https://www.nifbe.de/component/themensammlung?view=item&id=850:mahlzeiten-in-der-kita-kultursensitiv-gestalten&catid=49:kultursensitiv itaet.

Lampert, T., Saß, A., Häfelinger, M. & Ziese, T. (2005). Beiträge zur Gesundheitsberichterstattung des Bundes. Armut, soziale Ungleichheit und Gesundheit. Expertise des Robert Koch-Instituts zum 2. Armuts- und Reichtumsbericht der Bundesregierung. Berlin: Robert Koch-Institut. Verfügbar unter: https://www.rki.de/DE/Content/Gesundheitsmonitoring/Gesundheitsberichterstattung/GBEDownloadsB/Armut.pdf%3F__blob%3DpublicationFile.

Lohaus, A., Jerusalem, M. & Klein-Heßling, J. (Hrsg.) (2006). Gesundheitsförderung im Kindes- und Jugendalter. Göttingen: Hogrefe.

Lücke, T., Kersting, M. & Pohlhausen, S. (2017). Bei Kindern die Lust auf Trinkwasser und Freude am Bewegen wecken… Handreichung für Kitas. Bochum: St. Josef- und St. Elisabeth-Hospital gGmbH Bochum; Klinik für Kinder- und Jugendmedizin der Ruhr-Universität Bochum St. Josef Hospital; Forschungsdepartment Kinderernährung (FKE). Verfügbar unter: https://flissu-fke.de/downloads/FKE_FLISSU_Trinkwasser_KITA_komplett.pdf.

Methfessel, B., Höhn, K. & Miltner-Jürgensen, B. (2016). Essen und Ernährungsbildung in der KiTa. Entwicklung – Versorgung – Bildung. Stuttgart: Kohlhammer.

Richter-Kornweitz, A. (2018). Gesundheitsförderung und Kindertageseinrichtungen. In: Bundeszentrale für gesundheitliche Aufklärung (BZgA) (Hrsg.), Leitbegriffe der Gesundheitsförderung und Prävention. Glossar zu Konzepten, Strategien und Methoden (S. 440–444). Köln. Verfügbar unter: https://www.leitbegriffe.bzga.de/fileadmin/user_upload/leitbegriffe/e-Books/E-Book_Leitbegriffe_2018_08.pdf.

Richter-Kornweitz, A. & Altgeld, T. (2015). Gesunde Kita für alle. Leitfaden zur Gesundheitsförderung im Setting Kindertagesstätte (3. Aufl.). Hannover: Landesvereinigung für Gesundheit und Akademie für Sozialmedizin Niedersachsen e. V. Verfügbar unter: https://www.gesundheit-nds.de/CMS/images/stories/PDFs/Leitfaden_Gesunde_Kita_fuer_alle_web.pdf.

Schneider, A. (2017). Bildungsort Mahlzeit: Essen und Trinken als Lernsetting in der Kita. Verfügbar unter: https://www.kita-fuchs.de/ratgeber-paedagogik/beitrag/bildungsort-mahlzeit-essen-und-trinken-als-lernsetting-in-der-kita/.

Siraj-Blatchford, I., Sylva, K., Taggart, B., Sammons, P., Melhuish, E. C. & Elliot, K. (2003). The Effective Provision of Pre-School Education (EPPE) Project: Technical Paper 10 – Intensive Case Studies of Practice across the Foundation Stage. London: DfES/Institute of Education, University of London.

von Atens-Kahlenberg, W. & Bücking, B. (2018). Bremer Checkliste. Für ausgewogene Mittagessen in Kindertagesstätten. Bremen: Leibniz-Institut für Präventionsforschung und Epidemiologie – BIPS GmbH. Verfügbar unter: https://www.bips-institut.de/fileadmin/bips/downloads/ratgeber/Bremer_Checkliste_2018.pdf.

Voss, A. & Viernickel, S. (2016). Gute gesunde Kita: Bildung und Gesundheit in Kindertageseinrichtungen. Weimar: Verlag das Netz.

Walter, U., Robra, B.-P. & Schwartz, F. W. (2012). Prävention. In F. W. Schwartz, U. Walter, J. Siegrist, P. Kolip, R. Leidl, M. L. Dierks, R. Busse & N. Schneider (Hrsg.), Public Health (3. Aufl.). München: Urban & Fischer.

World Health Organisation (2005). The Bangkok Charter for Health Promotion in a Globalized World. Verfügbar unter: https://www.who.int/healthpromotion/conferences/6gchp/bangkok_charter/en/.

Wood, D., Bruner, J. & Ross, G. (1976). The role of tutoring in problem solving. Journal of Child Psychology and Psychiatry and Allied Disciplines, 17(2), 89–100.

8

Lernwerkstattarbeit: Interaktionsgestaltung im Rahmen einer Lernwerkstatt

Kathrin Hormann

8.1 Relevanz des Themas und Zielsetzung

In den letzten Jahrzehnten sind in Kindertageseinrichtungen (Kitas) Lernwerkstätten unterschiedlichster Art entstanden (Kaiser, 2016). Dabei prägen die konzeptionellen pädagogischen Grundlagen der jeweiligen Kita die Lernwerkstatt(-arbeit), wodurch das

Spektrum der Formen von Lernwerkstätten entsprechend groß ist (Hormann & Schomaker, 2018). Diese Diversität erschwert eine eindeutige Definition des Begriffes *Lernwerkstatt* und sorgt teilweise für Irritation bei den pädagogischen Fachkräften. Es besteht Unsicherheit über folgende Fragen:

Leitfragen

* Was genau kennzeichnet eine (Lern-)Werkstatt?
* Wie sind die Kinder dort tätig bzw. wie dürfen sie dort tätig sein?
* Was könnten Aufgaben der pädagogischen Fachkräfte sein?
* Wie könnte eine Interaktionsgestaltung in der Lernwerkstatt aussehen?

Genau diese Fragen stehen im Mittelpunkt des Kapitels. Im Folgenden werden nach einer Erläuterung der Begriffe *Lernwerkstatt* und *Lernwerkstattarbeit* die theoretischen Überlegungen durch eine Falldarstellung ergänzt. Dabei soll veranschaulicht werden, wie die pädagogische Fachkraft die Interaktion innerhalb einer ausgewählten Situation in der Lernwerkstatt gestaltet. Darüber hinaus werden Umsetzungshinweise für die Einrichtung einer Lernwerkstatt zum Schwerpunkt ›Bauen und Konstruieren‹ gegeben.

8.2 Zentrale Konzepte

8.2.1 Lernwerkstatt

Die Entstehung von Lernwerkstätten geht zurück auf die mittelalterliche Werkstatt als Arbeitsraum von Handwerkern, in der Produkte hergestellt sowie Arbeitsabläufe beobachtet und reflektiert werden (Brée, 2017). Bereits Comenius verstand Schule in diesem Sinne als einen Ort pädagogischer Werkstattarbeit. Unterschiedliche reformpädagogische Ansätze haben zur Entwicklung des Lernwerkstattkonzeptes – wie wir es heute kennen – beigetragen (Brée, 2017). In Europa haben beispielsweise Freinet, Montessori und Key die ›Wurzeln‹ für die heutige Werkstattarbeit mit Kindern gelegt (Tielemann, n. d.). Die Einrichtung von Lernwerkstätten war hierbei mit dem Ziel verknüpft, einen pädagogisch-didaktischen Gegenentwurf zum fremdbestimmten Lernen[1] zu institutionalisieren (Pallasch & Reimers, 1997) und das Erfahrungslernen in den Vordergrund zu stellen. Zunächst entstanden in den 1980er Jahren Lernwerkstätten in Hochschulen. Erst in der Folgezeit etablierten sich Lernwerkstätten in allen Bildungsbereichen, also auch in Kitas (Verbund europäischer Lernwerkstätten e. V. [VeLW], 2009).

Trotz der langen Tradition ist der Begriff *Lernwerkstatt* nicht einheitlich definiert und wird in verschiedenen Kontexten unterschiedlich verwendet. Dabei gilt jedoch: »Nicht alles, was ›Lernwerkstatt‹ heißt, ist eine Werkstatt, nicht alle Lernwerkstätten heißen auch so« (Ernst & Wedekind, 1993, S. 10).

Im Jahr 2009 veröffentlichte der Verbund europäischer Lernwerkstätten e. V. (VeLW) ein Positionspapier zu Qualitätsmerkmalen von Lernwerkstätten und Lernwerkstattarbeit, in dem der Versuch unternommen wurde, eine Klärung der Begriffe *Lernwerkstatt* und *Lernwerkstattarbeit* vorzunehmen (Schmude & Wedekind, 2014). Im Positionspapier erfolgt einerseits eine Unterscheidung zwischen den Begriffen *Lernwerkstatt* als Raum und *Lernwerkstattarbeit* als pädagogische Begleitung von Lernprozessen. Andererseits wird eine Differenzierung zwischen (1) der *Rolle der Lernenden*, (2) der *Rolle der Lehrenden und den pädagogischen Prinzipien* sowie (3) der *Rolle/Bedeutung des Raums* vorgenommen (Hormann & Schoma-

---

1 Beim fremdbestimmten Lernen überwiegt die instruktive Perspektive auf den Lehr-Lern-Prozess, indem u. a. die Ziele, der Lernweg und das Lernergebnis von den Lehrenden vorgegeben werden.

ker, 2018; VeLW, 2009). Während im folgenden Absatz und in Kapitel 8.2.2 zunächst Bezug auf die *Bedeutung des Raums* genommen wird, wird in Kapitel 8.2.3 auf die *Rolle der Lernenden und der Lehrenden* eingegangen.

Lernwerkstätten gelten als real existierende und anregungsreich gestaltete Räume (Hagstedt, 1999; Schmude & Wedekind, 2014; VeLW, 2009), die sich »durch die Fülle des in ihren Räumen gelagerten Materials« (Pallasch & Reimers, 1997, S. 85) auszeichnen. Sie sollen den Lernenden durch die Vielfalt des Materials und die inspirierend gestaltete Arbeitsumgebung mannigfaltige Gelegenheiten bieten, eigene Zugänge zu Lerngegenständen und Themen zu finden (VeLW, 2009). Der VeLW hebt hervor, dass eine Lernwerkstatt »ein in seiner Funktion längerfristig festgeschriebener real vorhandener gestalteter Raum« (VeLW, 2009, S. 4) ist, der durch folgende Eigenschaften charakterisiert ist: In der Lernwerkstatt befinden sich Gegenstände, die die Lernenden irritieren und inspirieren, alle Sinne ansprechen und kreative Prozesse in Gang setzen. In ihr werden Materialien und Werkzeuge zum unmittelbaren Experimentieren bereitgehalten. Sie bieten den unterschiedlich Lernenden individuelle Zugänge zu Lerninhalten und ermöglichen Gelegenheiten zur Kommunikation und zum individuellen Rückzug. Der Raum ist multifunktional, dient als Ideenbörse und bietet ausreichend Platz für die Realisierung unterschiedlicher individueller und gemeinsamer Aktionen (VeLW, 2009).

Zusammenfassend kann festgehalten werden, dass die in der Lernwerkstatt präsentierten vielfältigen und frei zugänglichen Materialien zum kreativen, fragengenerierenden Handeln anregen und eine »Please-touchme-Atmosphäre« (Wedekind, 2016, S. 208) schaffen sollen, in der die Hand über das Manipulieren und Explorieren mit den Materialien zum Denken anregt. Dadurch sollen »Phänomene im Raum … den Lernenden individuelle Zugänge zum Erschließen derselben geben, Möglichkeiten des ›dahinter kommen Wollens‹ schaffen und somit intrinsisch motivierte Lernprozesse anstoßen« (Wedekind, 2016, S. 208).

8.2.2 Lernwerkstätten in Kitas: Räumliche Gestaltungsweisen

Während in einigen Kitas eine Ecke oder Nische im (Gruppen-) Raum mit verschiedenen Materialien ausgestattet wird, errichten andere Kitas themenbezogene Tische oder (Lern-)Stationen (z. B. Experimentierstationen). Der Fokus ist dabei häufig auf die anregenden Materialien der Spiel- und Lernstationen gerichtet, sodass den Kindern durch die Bereitstellung der Materialien neue Erfahrungsfelder ermöglicht werden sollen (Schaarschmidt, 2007).

Insbesondere kleine Kitas mit wenigen Räumen nutzen Lernwerkstattwagen oder Mobile Lernwerkstätten. Dabei werden Servierwagen mit Spiel- und Lernmaterialien (teilweise sortiert nach Bildungsbereichen) versehen und nach Bedarf in den vorhandenen (Gruppen-)Räumen eingesetzt (Schaarschmidt, 2007).

Je nach räumlichen Gegebenheiten entscheiden Kitas sich dafür, einen kompletten Raum mit vielfältigen Materialien einzurichten, der im Freispiel oder zu vorgegebenen Zeiten gruppenübergreifend genutzt wird und zu anderen Zeiten für die Kinder oftmals nicht oder nur unter Einhaltung gesondert für die Lernwerkstatt ausgearbeiteter Regeln zugänglich ist (Schaarschmidt, 2007; van Dieken, van Dieken, Jespen & Wernicke, n. d.; von der Beek, 2018).

Eine weitere Möglichkeit besteht darin, die gesamte Kita als Lernwerkstatt zu gestalten, wobei bei diesem Format oftmals Funktionsbereiche zu Lernwerkstätten mit verschiedenen Schwerpunkten (beispielsweise Natur, Rollenspiel) werden, die den Kindern täglich zur Verfügung stehen (Hormann & Schomaker, 2018). Dabei entscheiden die Kinder, in welche Lernwerkstatt sie gehen, wie lange sie dort bleiben und was sie in der Lernwerkstatt ausprobieren (Schaarschmidt, 2007). Bei der Umsetzung dieser Form der Lernwerkstatt gilt häufig das Prinzip der Lernwerkstattfachfrau/des Lernwerkstattfachmanns, das heißt, dass jede pädagogische Fachkraft in der Kita für eine bestimmte Lernwerkstatt zuständig ist und sich sowohl theoretisch als auch praktisch mit den Aufgaben in dieser Lernwerkstatt auseinandersetzt (Schaarschmidt, 2007).

Darüber hinaus gibt es Kitas, die Lernwerkstatt-Angebote oder Lernwerkstatt-Projekte (Tielemann, 2015; van Dieken et al., n. d.) durchführen, die zu bestimmten Zeiten stattfinden. Dazu werden verschiedene Materialien zu einem Thema, mit dem die Kinder sich gerade auseinandersetzen, bereitgestellt (van Dieken et al., n. d.).

8.2.3 Lernwerkstattarbeit: Interaktionsgestaltung in der Lernwerkstatt

Während eine Lernwerkstatt ein gestalteter Raum ist, wird als Lernwerkstattarbeit die pädagogische Interaktion zwischen Lernenden (Kindern) und Lernbegleitung (pädagogischen Fachkräften) verstanden. Die lerntheoretische Basis für Lernwerkstattarbeit ist der moderate Konstruktivismus (Reich, 2008). Lernen wird dabei als eigenverantwortlicher, sozialer und individueller Prozess der Neu- und Rekonstruktion von Welt verstanden (Reich, 2008). Die Interaktion zwischen den Lernenden und dem Lerngegenstand, den Lernenden untereinander, aber auch zwischen Lernenden und Lehrenden sind dabei unabdingbar, um die eigenen Konstruktionen von Welt erweitern zu können (Reich, 2012). Die Lehrenden gelten als Helfer*innen, Berater*innen und Moderator*innen, die ein möglichst »passendes Lernen für möglichst alle Lerner« (Reich, 2012, S. 26) arrangieren. Vorrangig geht es darum, »gemeinsam ein Problem zu erfahren und zu erkennen, ... Lösungsmöglichkeiten zu ermitteln und anzuwenden [und] eine Lösung ... zu finden« (Reich, 2012, S. 26). Basierend auf diesen Überlegungen erfolgen bestimmte Rollenzuschreibungen (bezogen auf die Lernenden und Lehrenden), die charakteristisch für die Lernwerkstattarbeit sind.

Die Rolle der Lernenden wird als »eigenaktiv« (VeLW, 2009) beschrieben. Sie sollen als Konstrukteure ihrer Bildung den Raum bekommen, ihre Lern- und Bildungsprozesse selbst zu gestalten und sich mit ›Dingen‹ auseinanderzusetzen, die von den pädagogischen Fachkräften in der Lernwerkstatt zur Verfügung gestellt werden.

Auf der Grundlage dieser Auseinandersetzung sollen sie Fragen entwickeln und in einem selbst gestalteten Lernprozess Antworten auf die Fragen entdecken (VeLW, 2009). Ziel ist es, dass sie während dieses Prozesses eigene Theorien entfalten und ihre so gewonnenen Erkenntnisse in ihr ›Wissen über die Welt‹ einordnen (Deutsche Kinder- und Jugendstiftung [DKJS], 2012). Es geht um »entdeckendes Lernen« (VeLW, 2009, S. 7), bei dem die Kinder in einer anregend gestalteten Lernumgebung Gelegenheit zum ergebnisoffenen und selbstbestimmten Experimentieren erhalten (VeLW, 2009). Selbstbestimmtes Experimentieren bedeutet jedoch nicht, dass Lernwerkstattarbeit ausschließlich die Selbstbildung der Lernenden fokussiert. Vielmehr werden Lernprozesse in der Lernwerkstatt als Prozesse der Ko-Konstruktion begriffen, bei denen sowohl die Interaktion mit der peergroup als auch mit den pädagogischen Fachkräften wichtige Faktoren für den Lernprozess darstellen (▶ Kap. 3).

Die pädagogischen Fachkräfte in der Lernwerkstatt gelten als Lernbegleiter*innen, deren Aufgaben u. a. darin bestehen, die Lernprozesse »pädagogisch-didaktisch zu begleiten, nicht aber zu lenken« (Kaiser, 2016, S. 86), den Raum mit seiner Lernumgebung vorzubereiten und den Lernenden, »Raum und Zeit zu geben sich einem Lerngegenstand in der für ihn/sie geeigneten Weise zu nähern« (VeLW, 2009, S. 8). Ein wesentliches pädagogisches Arbeitsprinzip in Lernwerkstätten besteht darin, »von der Sache aus [zu denken], die für das Kind die Sache ist« (Wagenschein 1990, S. 11). Das bedeutet, dass die pädagogischen Fachkräfte sich auf die Fragen und Vorstellungen der Kinder einlassen und den kindlichen Denkweisen und Theorien denselben Stellenwert wie den eigenen Perspektiven einräumen müssen.

Wedekind (2016) weist darauf hin, dass der Lernprozess des Kindes nicht immer sofort mit einer Frage beginnt, sondern oftmals über eine spielerisch-explorative Begegnung mit Dingen und Sachverhalten startet. In Anlehnung an Wagenschein (2009) würde es dann darum gehen, Ideen und Fragen bei den Lernenden ohne methodische Vorgaben entstehen zu lassen.

8.2 Zentrale Konzepte

Schäfer (2014) betont, dass Lernbegleitung in der Lernwerkstatt nicht heißt, dass die pädagogischen Fachkräfte nichts einbringen dürfen. Entscheidend sei aber, wie sie dies tun. Er stellt zwei Kriterien heraus, die es dabei zu beachten gilt: Einerseits sollte das, was den Kindern zur Verfügung gestellt wird, auf gemeinsam geteilten Erfahrungen basieren und an ihren situativen Interessen anknüpfen. Andererseits sollten die Kinder das Angebot auch ablehnen können (Schäfer, 2014).

Darüber hinaus hat der VeLW (2009) einige kennzeichnende Merkmale (in Form von Qualitätskriterien) zur Interaktionsgestaltung in der Lernwerkstatt formuliert. Neben diesen Kriterien lassen sich in der Literatur weitere Hinweise und Ausdifferenzierungen zur Interaktionsgestaltung in der Lernwerkstatt finden. Tabelle 8.1 gibt einen Überblick über diese Qualitätskriterien und Hinweise sowie die damit verknüpften Aufgaben der pädagogischen Fachkräfte.

Tab. 8.1: Interaktionsgestaltung in der Lernwerkstatt

	Aufgaben der pädagogischen Fachkräfte in der Lernwerkstatt	Quellen
Pädagogisch-didaktische Lernbegleitung	Begleiten die Lernprozesse pädagogisch-didaktisch, ohne diese zu lenken	Kaiser, 2016
	Bereiten Raum und Lernumgebung vor	
Professionelle Lernbegleitung	Suchen nach den Fragen der Lernenden	Schmude & Wedekind, 2014
	Begleiten den Prozess der Beantwortung dieser Fragen empathisch (ohne gekünstelte Didaktik)	

8 Lernwerkstattarbeit: Interaktionsgestaltung im Rahmen einer Lernwerkstatt

Tab. 8.1: Interaktionsgestaltung in der Lernwerkstatt – Fortsetzung

	Aufgaben der pädagogischen Fachkräfte in der Lernwerkstatt	Quellen
Pädagogische Haltung	Beobachten die Kinder	van Dieken, 2004
	Sind offen für die Fragen, die Kinder stellen	
	Stellen Material bereit	
	Greifen Impulse der Kinder auf	
	Geben (eigene) achtsame (an Interessen und Bedürfnissen der Kinder orientierte) Impulse	
Qualitätskriterien VeLW & pädagogische Haltung	Dokumentieren und reflektieren die (Lern-)Prozesse	van Dieken, 2004; VeLW, 2009
	Bereichern das Lernen durch zurückhaltende und achtsame Impulse	
Qualitätskriterien VeLW	Geben Lernenden Raum und Zeit, sich dem Lerngegenstand zu nähern	VeLW, 2009
	Bieten eine förderliche Lernbegleitung	
	Reflektieren die Lernwege	
	Halten sich mit Instruktionen weitestgehend zurück	
	Geben keine Ergebnisse vor	
	Beraten durch Hilfestellung	
	Gehen mit Lernenden gemeinsam auf Fehlersuche	
	Unterstützen den eigenaktiven Lernprozess der Kinder	
	Sind Dialogpartner*innen der Kinder	

8.2 Zentrale Konzepte

Tab. 8.1: Interaktionsgestaltung in der Lernwerkstatt – Fortsetzung

	Aufgaben der pädagogischen Fachkräfte in der Lernwerkstatt	Quellen
Dialogpartner*in	Begeben sich auf die Ebene der Lernenden Versuchen die Gedanken der Lernenden nachzuvollziehen Geben ihnen innerhalb ihres Interessengebietes Anregungen Stellen Dinge infrage	König, 2012
(Gemeinsam) geteiltes Denken	Entwickeln mit den Kindern Gedankengänge und führen diese gemeinsam weiter Stellen offene Fragen Geben aktivierende Impulse Gehen im Rahmen eines gemeinsam geteilten Denkprozesses auf gemeinsame Lösungssuche	Beez, 2018; König, 2012; Schmude & Wedekind, 2014 (▶ Kap. 3)

Reflexionsfragen

- Welche der in Tabelle 8.1 dargestellten Aufgaben sind Ihnen in der Interaktionsgestaltung mit Kindern besonders wichtig? Warum?
- Welche Gemeinsamkeiten und Unterschiede ergeben sich hinsichtlich der Interaktionsgestaltung in Kitas, die nicht nach dem Lernwerkstattkonzept arbeiten?

Bisher gibt es kaum empirische Befunde zur Wirksamkeit von Werkstätten in Kitas und wenige empirische Studien zum Status quo des Fachkrafthandelns in Lernwerkstätten. Alemzadeh (2014) kann für die Lernwerkstatt Natur (Schäfer & Alemzadeh, 2012) aufzeigen, inwiefern die (gestaltete) Umgebung Kinder zu Beobachtungen und Wahrnehmungen herausfordert, die in differenzierte Fragen überführt werden können und zur Weiterführung individueller Vorstellungen anregen. Hopf (2012) kommt zu dem Schluss, dass insbesondere das Konzept der Lernwerkstätten die Idee einer anregungsreichen Umgebung für vielfältige Auseinandersetzungen aufgreift und »zu einer besonders hohen Dichte an Interaktionen [führen kann], die eine gemeinsame Weiterentwicklung von Ideen, Hypothesen und Lösungsvorschlägen beinhalten, wenn die zu bearbeitenden Inhalte aus der Lebenswelt der Kinder stammen« (Hopf 2012, S. 200).

Zusammenfassend lässt sich feststellen, dass das Bereitstellen einer anregenden Lernumgebung um eine professionelle Lernbegleitung – im Sinne der Interaktionsgestaltung in der Lernwerkstatt – ergänzt werden muss, denn »ein mit Material gefüllter Raum garantiert noch nicht, dass ... in ihm Lernereignisse stattfinden« (Ernst & Wedekind, 1993, S. 32).

8.3 Möglichkeiten der Umsetzung im Kita-Alltag

8.3.1 Die diagnostische Perspektive: Der Blick auf die Perspektive der Kinder

Um in einem konstruktiven Dialog an die Fragen und Interessen von Kindern anknüpfen zu können, müssen pädagogische Fachkräfte diese zunächst einmal in Erfahrung bringen. Für einen dialogischen Lernprozess ist es nach König (2012) notwendig, dass die Lehrenden sich auf die Ebene der Lernenden begeben und versuchen deren Gedanken nachzuvollziehen (König, 2012). Dazu ist es wichtig herauszufinden, welche Themen Kinder in der Lernwerkstatt beschäftigen und welche Fragen sie mit einem spezifischen Phänomen verbinden. Indem pädagogische Fachkräfte die individuelle Auseinandersetzung mit den Materialien oder einem Phänomen in der Lernwerkstatt beobachten und die Gespräche von Kindern untereinander analysieren, können sie die Fragen, die situativen Interessen (► Kap. 4) und individuellen Themen der Kinder erkennen sowie ihre Denkweisen und Präkonzepte zu einem spezifischen Phänomen erkunden, denn die kindliche Perspektive auf einen Gegenstand bildet den Ausgangspunkt jeder Beschäftigung mit einem Phänomen, auf deren Grundlage weitere Perspektiven auf dieses entwickelt werden können (Diagnostik).

Die folgende Fallbeschreibung einer videografierten Situation bildet einen Ausschnitt aus einer Interaktion in der Lernwerkstatt ›Naturwissenschaft/Technik/Forschen‹ einer Kita. Die Kita hat die gesamte Einrichtung als Lernwerkstatt gestaltet. Dazu sind Lernwerkstätten mit verschiedenen Schwerpunkten (Naturwissenschaft/Technik/Forschen, Atelier/Werken, Rollenspiel/Theater, Bewegungs- und Bauraum und Feinschmeckerküche) entstanden. Diese stehen den Kindern jeden Tag zur Verfügung. Die Fachkräfte haben sich durch die Arbeit mit den Kindern und durch Weiterbildungen zu kompetenten Fachkräften innerhalb der verschiedenen Funktionsbereiche entwickelt.

Material 1: Interaktion in der Lernwerkstatt ›Naturwissenschaft/Technik/Forschen‹
Die Situation ergibt sich spontan dadurch, dass an einem Tisch im Raum eine große Lupe (mit Gestell) und verschiedene Steine sowie Achat- und Steinscheiben bereitliegen. Eine der Achatscheiben erregt die Aufmerksamkeit eines Kindes. Das Mädchen betrachtet diese interessiert. Sie fragt, was das ist, und äußert, dass das aussieht wie Eis. Die pädagogische Fachkraft ist gerade noch damit beschäftigt, Materialien aus der vorangegangenen Situation wegzuräumen und den Tisch abzuwischen. Sie ist über die Äußerung des Mädchens einen kurzen Moment verwundert und fragt nach: »Wie Eis?«

8 Lernwerkstattarbeit: Interaktionsgestaltung im Rahmen einer Lernwerkstatt

Das Mädchen bestätigt und erweitert ihre Aussage: »Ja, wie ein Schnee.«
Die pädagogische Fachkraft antwortet: »Ach, du meinst richtig Eis. Nicht Eis zum Essen, sondern Eis, was draußen ist. Ja, Eis sieht manchmal auch so aus. Das glaube ich auch. Das kann ich mir gut vorstellen.«
Daraufhin führt das Kind weiter aus: »Das glitzert sogar ein bisschen wie Elsa-Schnee.«

Übung 1: Reflexion der Perspektiven von Kindern
Ziel: Sensibilität für die Perspektiven und Fragen von Kindern entwickeln, die Perspektiven von Kindern verstehen lernen
Material: Material 1
Auftrag:

- Welches situative Interesse zeigt das Mädchen?
- Welche Phänomene oder Themenschwerpunkte könnten für das Kind im oben beschriebenen Dialog eine Rolle spielen?
- Wie würden Sie auf die Impulse des Kindes reagieren?

Auswertung: Schreiben Sie alle Antworten, die Ihnen einfallen, auf. Diskutieren Sie diese mit einer Kollegin/einem Kollegen, indem Sie auch überlegen, welche Intentionen mit Ihren jeweiligen Antworten verbunden sind.

8.3.2 Die Förderperspektive: Interaktionsgestaltung in der Lernwerkstatt

Wesentlich für die Gestaltung eines dialogischen Lernprozesses in der Lernwerkstatt ist es, in einem konstruktiven Dialog an die Fragen und Interessen von Kindern anzuknüpfen und ihnen innerhalb ihres Interessengebietes Anregungen zu geben bzw. Dinge infrage zu stellen (König, 2012). Dabei geht es um die gemeinsame Entwicklung und Weiterführung von Gedankengängen. Dies schließt u. a. offene Fragen, aktivierende Impulse und eine Lösungssuche im Rahmen eines gemeinsam geteilten Denkprozesses (▶ Kap. 3) mit ein (Beez, 2018; Schmude & Wedekind, 2014). Aber auch Hinweise, (fachliche) Erklärungen und wohl dosierte Anleitungen, die genügend Spielraum für das eigene Entdecken und Erforschen lassen, sind von Nöten (Schaarschmidt, 2007).

Insbesondere individuelle Gespräche und gemeinsam geteilte Denkprozesse, bei denen die Kinder und die pädagogische Fachkraft ihre Gedanken wechselseitig in den Interaktionsprozess mit einbringen, ermöglichen eine intensive Auseinandersetzung mit dem gemeinsamen Lerngegenstand und gelten als Interaktionsprozesse von besonderer Qualität (König, 2012). Hildebrandt und Dreier (2014) beschreiben Reaktionsmöglichkeiten im Umgang mit Fragen und Impulsen der Kinder. Sie beschreiben dazu einen Dreischritt, der folgendermaßen aufgebaut ist:

1. Kinderaussage würdigen.
2. Eine eigene Vermutung aufstellen. Bei diesem Schritt ist es wichtig, dass die eigene Vermutung als solche gekennzeichnet wird, um das eigene Nachdenken zu verdeutlichen.
3. Die Frage an das Kind/die Kinder zurückgeben und die Kinder dadurch ermuntern, gemeinsam weiter nachzudenken.

Material 2: Fortsetzung der Ausgangssituation:

Interaktion in der Lernwerkstatt ›Naturwissenschaft/Technik/Forschen‹
Die pädagogische Fachkraft reagiert daraufhin mit zwei Impulsfragen ihrerseits: »Willst du mal eine Taschenlampe haben? Willst Du mal draufleuchten?«
  Das Mädchen antwortet mit einem Lächeln: »Ja.« Dann schaut sie die verschiedenen vor sich liegenden Steinscheiben an und erweitert die Aussage: »Mit den ganzen Steinen.«

Die pädagogische Fachkraft geht los, um die Taschenlampe zu holen, und antwortet: »Ja, das musst du dann sehen, wo du dann draufleuchtest.«

Während die pädagogische Fachkraft die Taschenlampe holt, betrachtet das Mädchen die Steinscheiben weiterhin ganz interessiert. Als die pädagogische Fachkraft mit der Taschenlampe wieder zurückkommt, hebt sie eine Steinscheibe hoch und sagt: »Aber guck mal dieser!« Das Mädchen wartet auf eine Reaktion und macht noch einmal auf die hochgehaltene Steinscheibe aufmerksam, indem sie diese im Licht hin- und herbewegt und äußert: »Das leuchtet. Guck mal!«

Die pädagogische Fachkraft nimmt den Impuls des Mädchens auf und bestätigt: »Das ist richtig. Das ist ein bisschen durchsichtig sogar. Wenn ich von hier gucke, ist es fast durchsichtig.«

Das Kind reagiert auf den Impuls der pädagogischen Fachkraft: »Das ist so eine Farbe.« Sie hält der pädagogischen Fachkraft den Stein entgegen, schaut ihn weiter interessiert an und erweitert ihre eigene Aussage wie folgt: »Das ist wie eine Zahl, oder?«

Die pädagogische Fachkraft würdigt die Aussage: »Könnte man denken.« und gibt die Frage an das Mädchen zurück: »Was denkst du? Was siehst du denn für eine Zahl?«

Das Mädchen überlegt kurz und antwortet: »Wie eine Zahl, aber ich weiß nicht, wie die heißt.«

Die pädagogische Fachkraft räumt nebenher weiter auf und entgegnet: »Du weißt nicht, wie die Zahl heißt. Okay.«

Damit ist die Situation zunächst einmal beendet und wird nach ca. einer halben Minute vom Mädchen wieder fortgesetzt. Im weiteren Verlauf werden die Lupe und weitere Steine, die in der Lernwerkstatt im Regal sortiert liegen, genutzt.

Übung 2: Reflexion der Lernbegleitung in der Lernwerkstatt
Ziel: Über die Lernbegleitung in der Lernwerkstatt reflektieren; über die Impulse des Mädchens und über mögliche Anknüpfungspunkte nachdenken
Material: Beschriebene Fortsetzung der Ausgangssituation
Auftrag:

* Wie würden Sie anstelle der pädagogischen Fachkraft auf die Impulse des Mädchens reagieren?
    - Welche Impulse des Mädchens hätten Sie aufgegriffen?
    - Welche eigenen Impulse hätten Sie gegeben?
* Was ist Ihnen an der Lernbegleitung durch die beschriebene pädagogische Fachkraft aufgefallen?
    - Welche Impulse des Mädchens greift die pädagogische Fachkraft auf?
    - Welche eigenen Impulse bringt die pädagogische Fachkraft ein?

Auswertung: Vergleichen Sie Ihre Antworten mit den Kriterien zur Interaktionsgestaltung in der Lernwerkstatt (▶ Kap. 8.2.3) sowie mit den Strategien kognitiver Lernunterstützung: Scaffolding (Wood, Bruner & Ross, 1976) und Sustained Shared Thinking (Siraj-Blatchford et al., 2003) (▶ Kap. 3).

* Welche Anknüpfungspunkte zu den Kriterien einer Lernbegleitung in der Lernwerkstatt finden Sie?
* Welche Strategien kognitiver Aktivierung haben Sie wie angewendet?

8.3.3 Umsetzungshinweise zur Einrichtung einer Lernwerkstatt

Das Konzept der Lernwerkstätten greift die Idee einer anregungsreichen Umgebung für vielfältige Auseinandersetzungen in besonderer Weise auf und kann dadurch »zu einer besonders hohen Dichte an Interaktionen [führen], die eine gemeinsame Weiterentwicklung von Ideen, Hypothesen und Lösungsvorschlägen beinhalten, wenn die zu bearbeitenden Inhalte aus der Lebenswelt der Kinder stammen« (Hopf, 2012, S. 200).

Übung 3: Eine Lernwerkstatt als anregende Lernumgebung bereitstellen
Ziel: Lern-/Bildungschancen verschiedener Materialien in Bezug auf verschiedene Bildungsbereiche reflektieren
Auftrag: Sie haben die Aufgabe, eine anregende Lernumgebung für Kinder vorzubereiten, indem Sie eine Lernwerkstatt zum Schwerpunkt ›Bauen und Konstruieren‹ einrichten

- Welche Materialien wählen Sie aus?
- In welcher Menge stellen Sie die Materialien bereit?
- Was ist Ihre Idee, was Kinder damit machen können/sollen?
- Welche Erfahrungen haben Sie bereits mit den Materialien gemacht?
- Wie würden Sie Kinder in ihren Bauvorhaben unterstützen?
- Welche Bildungschancen stecken darüber hinaus in den von Ihnen bereit gestellten Materialien?

Auswertung: Tauschen Sie sich mit einer Kollegin/einem Kollegen aus.

- Welche Schwerpunkte haben Sie jeweils gelegt?
- Was war Ihnen wichtig?

- Würden Sie die gewählten Materialien des jeweils anderen auch nutzen wollen? Warum?

Im Folgenden wird anhand des Themenfeldes ›Bauen und Konstruieren‹ ein exemplarischer Weg aufgezeigt, um ausgehend von einer anregungsreichen Lernumgebung konstruktive Interaktionen mit Kindern zu gestalten. Für die Gestaltung der Lernumgebung werden bedeutungsoffene Materialien verwendet, wie sie aus der Reggio-Pädagogik bekannt sind. Damit werden Produktionsreste und -überschüsse aus Industrie- und Handwerksbetrieben bezeichnet, deren Erscheinungsweise sich Kindern aus ihrem Alltag nicht sofort erschließt (wie z. B. Klopapierrollen oder Eierkartons).

Ein Einstieg in den Umgang mit bedeutungsoffenen Materialien, die Kinder dazu anregen sollen, technischen Konstruktionen auf den Grund zu gehen, eigene Ideen in der Verwendung des Materials zu erproben oder vorhandene Konstruktionen nachzubauen, erfolgt über deren Präsentation. Je nachdem, wie die Beschaffenheit der vorhandenen Dinge ist, können sie z. B. in einer großen Menge präsentiert werden. Dieser ›Dinghaufen‹ fordert dazu heraus, einzelne Objekte zu entdecken, Gegenstände zu sortieren. Es kann aber auch eine überschaubare Zahl von Gegenständen zunächst gemeinsam betrachtet werden: Wie ist das Material beschaffen? Wofür wird es vielleicht verwendet? In welchem Zusammenhang ist mir ein Gegenstand so oder in ähnlicher Weise in meinem Alltag schon einmal begegnet? So kann jedes Kind zunächst seinen eigenen Zugang finden, indem es das Material erprobt, seine mögliche Alltagsverwendung untersucht, einzelne Objekte analysiert und diese in neue Zusammenhänge setzt (Graube, 2016):

> »Kreative Ideen entstehen in uns, wenn wir viele Eindrücke, Gedanken, Wahrnehmungen zu einer Sache gesammelt haben, die unbewusst im Kopf zu etwas Neuem zusammengesetzt werden. Also kommt es vor dem Bauen darauf an, mit dem Baumaterial möglichst viel zu tun – es anzufassen, zu betrachten, ihm auf den Grund zu gehen ... Je besser wir das Baumaterial

kennen, desto mehr Ideen entstehen, was man damit alles machen könnte« (Fink, 2015, S. 11).

Fink (2015) schlägt die folgenden fünf ›Fingerübungen‹ vor, die der eigentlichen Bauphase vorangestellt werden sollten:

- ›Ordnungen schaffen‹: Kinder werden angeleitet, die Materialien zu ordnen, zu sortieren und im Hinblick auf u. a. Form, Materialzusammensetzung/-beschaffenheit, Funktionalität des Materials zu vergleichen: »Legen wir die Dinge, mit denen wir etwas vorhaben, in einfacher Ordnung aus, haben wir sie dafür alle in der Hand gehabt, in Augenschein genommen. Oft prüfen wir dabei unbewusst Größen, Mengen, Eigenschaften und machen sie uns damit vertraut – als gute kreative Aufwärm-Übung. Ordnen ist der halbe Anfang beim Bauen« (Fink, 2015, S. 11 f.).
- ›Dinge zusammenbringen‹: Die Materialien werden bewusst zueinander in Beziehung gesetzt: Was passt, was passt nicht zusammen? Was könnte entstehen, wenn ich diese Materialien verbinde?
- ›Verbindungen schaffen‹: In dieser Zugangsweise erarbeiten sich die Kinder u. a. unterschiedliche Techniken, mit denen Materialien verbunden werden können. »Für jedes Material scheint es andere Techniken zu geben, um es gut mit anderen zu verbinden ... Andersherum bringt jede andere Technik, mit der man Materialien miteinander verbindet, neue Anwendungsgebiete hervor« (Fink, 2015, S. 17).
- ›In Einzelteile zerlegen‹: Die Materialien werden bewusst in ihre Einzelteile zerlegt, sodass die Kinder erkennen, »woraus etwas zusammengesetzt ist«, erproben, »durch welche Art von Krafteinwirkung die Dinge um ihre bisherige Form gebracht werden können [und] überlegen, welchen Zweck die geborgenen Einzelteile vieler auseinandergenommener Dinge gehabt haben können« (Fink, 2015, S. 19).
- ›Dinge völlig verformen‹: Hier werden Werkzeuge gezielt eingesetzt, um die Materialien in eine andere, neue Form zu bringen:

»Wo überall kann man in das Material einschneiden, um es zu verbiegen? Lässt es sich falten, biegen, platthämmern? Kann man seine Form irgendwie umkehren?« (Fink, 2015, S. 20).

In dieser offenen Phase der konkreten Auseinandersetzung mit dem Baumaterial entwickeln die Kinder erste Ideen und Fragen zur Funktionsweise und Verwendung des Materials. Die aus diesem Materialumgang entwickelten Ideen und Fragestellungen können in konkrete Bauvorhaben von Kindern (Bau eines Fahrzeugs, einer Murmelbahn, eines Turms etc.) überführt und die technische Ausgestaltung und Umsetzung in der Interaktion konstruktiv begleitet werden. Dabei ist es hilfreich, wenn sich die pädagogische Fachkraft als »aufmerksamer Bereitsteller von Materialien und Werkzeugen« (Alemzadeh, 2014, S. 147) erweist und jeweils erkennt, mit welchen Materialien und Werkzeugen ein Kind eine Herausforderung in Bezug auf den Umgang mit einem Material und den nächsten Schritt im Bauprozess zu bewältigen vermag (Unterscheidung in tätigkeits*unterstützende* und tätigkeits*erweiternde* Materialien).

Abschließend kann betont werden, dass das Bereitstellen einer anregenden Lernumgebung voller inspirierender Materialien, die die Kinder zum eigenen Ausprobieren einladen sollen, eine wichtige Bedingung im Rahmen von Lernwerkstattarbeit ist, die jedoch um eine professionelle Lernbegleitung – im Sinne der Interaktionsgestaltung in der Lernwerkstatt – ergänzt werden muss.

Literatur

Alemzadeh, M. (2014). Interaktionen im frühpädagogischen Feld. Ethnographische Bildungsforschung zu Interaktions- und Spielprozessen und deren Bedeutung für eine Didaktik der frühen Kindheit am Beispiel der Lernwerkstatt Natur. Dissertation, Universität zu Köln. Verfügbar unter: https://kups.ub.uni-koeln.de/5744/.

Beez, S. (2018). Frühe Naturwissenschaftliche Bildung im Kontext von Lernwerkstattarbeit. Verfügbar unter: https://www.kita-fachtexte.de/uploads/media/KiTaFT_Beez_2018_FruehenaturwissenschaftlicheBildung_Lernwerkstaetten.pdf.

Brée, S. (2017). Lernwerkstatt als Prinzip – eine Einführung. Verfügbar unter: http://docplayer.org/45170988-Lernwerkstatt-als-prinzip-eine-einfuehrung-prof-dr-stefan-bree.html.

Deutsche Kinder- und Jugendstiftung (Hrsg.) (2012). Audit für gemeinsame Lernwerkstätten von Kitas und Grundschulen. Praktischer Leitfaden zur Qualitätsentwicklung. Verfügbar unter: https://www.dkjs.de/fileadmin/Redaktion/Dokumente/themen/Fruehe_Bildung/Audit_fuer_gemeinsame_Lernwerkstaetten_von_Kitas_und_Grundschulen.pdf.

Ernst, K. & Wedekind, H. (1993). Lernwerkstätten in der Bundesrepublik Deutschland und Österreich. Eine Dokumentation. Frankfurt a. M.: Arbeitskreis Grundschule.

Fink, M. (2015). Bau dich schlau! Konstruierend und spielend die Welt erschließen. Weimar: Verlag das Netz.

Graube, G. (2016). Erfinden, Entdecken und Enttarnen: Didaktische Leitfragen für die Auseinandersetzung mit Basiskonzepten der Technik. In I. Mammes (Hrsg.), Technisches Lernen im Sachunterricht. Nationale und internationale Perspektiven (S. 22–44). Baltmannsweiler: Schneider.

Hagstedt, H. (1999). Pädagogische Werkstätten – Zauberbühnen oder Inseln des Zweifelns. In I. Kemnade (Hrsg.), Schulbegleitforschung und Lernwerkstätten (S. 49–53). Oldenburg: Zentrum für Pädagogische Berufspraxis.

Hildebrandt, F. & Dreier, A. (2014). Was wäre, wenn …? Fragen, nachdenken und spekulieren im Kita-Alltag. Weimar & Berlin: Verlag das Netz.

Hopf, M. (2012). Sustained Shared Thinking im frühen naturwissenschaftlich-technischen Lernen. Münster/New York/München/Berlin: Waxmann.

Hormann, K. & Schomaker, K. (2018). Die Bedeutung des Raums im Kontext von Lernwerkstattarbeit. In D. Weltzien, H. Wadepohl, P. Cloos, J. Bensel & G. Haug-Schnabel (Hrsg.), Forschung in der Frühpädagogik XI. Schwerpunkt: Die Dinge und der Raum (Bd. 22, S. 137–179). Freiburg: FEL-Verlag.

Kaiser, L. S. (2016). Lernwerkstattarbeit in kindheitspädagogischen Studiengängen. Empirische Studien zur Theorie-Praxis-Verknüpfung. München: kopaed.

König, A. (2009). Interaktionsprozesse zwischen ErzieherInnen und Kindern. Eine Videostudie aus dem Kindergartenalltag. Wiesbaden: VS.

König, A. (2012). Interaktion als didaktisches Prinzip. Bildungsprozesse bewusst begleiten und gestalten. Schaffhausen: SCHUBI Lernmedien AG.

Pallasch, W. & Reimers, H. (1997). Pädagogische Werkstattarbeit. Eine pädagogisch-didaktische Konzeption zur Belebung der traditionellen Lernkultur (2. Aufl.). Weinheim, München: Juventa.
Reich, K. (2008). Konstruktivistische Didaktik: Lehr- und Studienbuch mit Methodenpool (4. Aufl.). Weinheim & Basel: Beltz.
Reich, K. (2012). Konstruktivistische Didaktik: Lehr- und Studienbuch mit Methodenpool (5., erweiterte Aufl.). Weinheim & Basel: Beltz.
Schaarschmidt, M. (2007). Lernen in der Lernwerkstatt. kindergarten heute. praxis kompakt. Themenheft für den pädagogischen Alltag. Freiburg: Herder.
Schäfer, G. E. (2014). Partizipative Didaktik in der Lernwerkstatt Natur. In H. Hagstedt & M. Krauth (Hrsg.), Lernwerkstätten – Potenziale für Schulen von morgen (Bd. 137, S. 122–138). Frankfurt a. M.: Grundschulverband.
Schäfer, G. E. & Alemzadeh, M. (2012). Wahrnehmendes Beobachten. Beobachtung und Dokumentation am Beispiel der Lernwerkstatt Natur. Berlin/Weimar: Verlag das Netz.
Schmude, C. & Wedekind, H. (2014). Lernwerkstätten an Hochschulen – Orte einer inklusiven Pädagogik. In E. Hildebrandt, M. Peschel & M. Weißhaupt (Hrsg), Lernen zwischen freiem und instruiertem Tätigsein (S. 103–122). Bad Heilbrunn: Julius Klinkhardt.
Siraj-Blatchford, I., Sylva, K., Taggart, B., Sammons, P., & Melhuish, E. (2003). Technical paper 10 – case studies of practice in the foundation stage. London: Institute of Education.
Tielemann, M. (2015). Werkstatt(t)räume für Kitas. Weimar: Verlag das Netz.
Tielemann, M. (n. d.). Werkstattarbeit in der Kita. Verfügbar unter: https://www.nifbe.de/component/themensammlung?view=item&id=533:werkstattarbeit-in-der-kita&catid=130.
van Dieken, C. (2004). Lernwerkstätten und Forscherräume in Kita und Kindergarten. Freiburg: Herder.
van Dieken, C., van Dieken, J., Jespen, A. & Wernicke, C. (n. d.). Lernwerkstattarbeit in Kitas. Begleitheft zum Film. Weimar: Verlag das Netz.
Verbund europäischer Lernwerkstätten e. V. (2009). Positionspapier des Verbundes der europäischen Lernwerkstätten (VeLW) e. V. zu Qualitätsmerkmalen von Lernwerkstätten und Lernwerkstattarbeit. Verfügbar unter: http://www.forschendes-lernen.net/files/eightytwenty/materialien/VeLW-Broschuere.pdf.
von der Beek, A. (2018). Kita mit Lernwerkstatt oder Kita als Lernwerkstatt? Ideen zu Räumen und Materialien. TPS Spezial 4(18), 6–11. Verfügbar unter: https://www.erzieherin.de/files/paedagogischepraxis/TPS_Spezial_4_006-011_von_der_Beek_Raum.pdf.

Wagenschein, M. (1990). Kinder auf dem Weg zur Physik. Weinheim: Beltz.

Wagenschein, M. (2009). Naturphänomene sehen und verstehen. Genetische Lehrgänge. Das Wagenschein-Studienbuch (4. Aufl.). Bern: hep der Bildungsverlag.

Wedekind, H. (2016). Das Kinderforscherzentrum Helleum. Eine Lernwerkstatt für naturwissenschaftlich-technische Bildung in der frühen Kindheit. In S. Schude, D. Bosse & J. Klusmeyer (Hrsg.), Studienwerkstätten in der Lehrerbildung. Theoriebasierte Praxislernorte an der Hochschule (S. 205–217). Wiesbaden: Springer.

Wood, D., Bruner, J. & Ross, G. (1976). The role of tutoring in problem solving. Journal of Child Psychology and Psychiatry and Allied Disciplines, 17(2), 89–100.

9

Eine inklusive Perspektive auf responsive Interaktionsgestaltung im Kontext alltagsintegrierter Unterstützung

Antje Rothe

9.1 Relevanz des Themas und Zielsetzung

Alltagsintegrierte Unterstützung findet tagtäglich zwischen Fachkräften und Kindern in der Kita statt und adressiert bestenfalls alle Kinder in der Individualität und Vielfältigkeit ihrer Lernausgangslagen und Lebenswirklichkeiten. Anspruchsvoll ist diese Unterstützung, da frühpädagogische Fachkräfte im Kita-Alltag innerhalb weniger Sekunden Handlungsentscheidungen treffen müssen, z. B. auf welches Kind bzw. auf wessen Anliegen sie genauer eingehen und was Gegenstand der Interaktion sein soll.

In diesem Kapitel wird die responsive Interaktionsgestaltung im Kontext alltagsintegrierter Unterstützung zwischen frühpädagogischen Fachkräften und Kindern aus *inklusiver Perspektive* beleuchtet. Responsive Interaktionsgestaltung bedeutet, dass konsequent an die Perspektive des Kindes angeknüpft wird. Damit ist sie ideal, um inklusive Bildung in der Kita umzusetzen (Rothe, Disep, Lichtblau & Werning, 2020).

Leitfragen

- Welche inklusiven Potenziale bieten responsive Fachkraft-Kind-Interaktionen im Kontext alltagsintegrierter Unterstützung?
- Wie kann der Individualität kindlicher Entwicklung, Bedürfnisse und Interessen durch diese Form der Interaktionsgestaltung im Kita-Alltag entsprochen werden?

9.2 Zentrale Konzepte

9.2.1 Responsive Interaktionsgestaltung

Responsive Interaktionsgestaltung kann jederzeit im Kita-Alltag stattfinden. Wesentliches Merkmal von Fachkraft-Kind-Interaktionen, verstanden als Begegnung zwischen der Fachkraft und mindestens einem Kind, stellt deren Wechselseitigkeit bzw. Reziprozität dar. Dabei ist der Begriff der *Responsivität* bedeutsam. Er wird häufig im Anschluss an Ainsworth (2015) als Wahrnehmung der kindlichen Signale und die Angemessenheit des Antwortverhaltens der Fachkraft verstanden. Allerdings bezieht sich diese Definition auf die Fachkraft; die Interaktion wird in einem ko-konstruktivistischen Verständnis jedoch durch Fachkraft *und* Kind getragen. Zudem ist die Angemessenheit nicht mehr nur eine Beschreibung, sondern schon eine Bewertung.

Deshalb verstehen wir Responsivität als *Rahmenkongruenz* (Nentwig-Gesemann & Nicolai, 2017). Dieses Konzept geht auf den Ansatz der Dokumentarischen Methode zurück (Bohnsack, 2014). Rahmenkongruenz bedeutet, dass die Perspektive von Fachkraft und Kind einander entsprechen und sie in einem »Rahmen« geteilter Bedeutung miteinander interagieren. Solch ein Rahmen ist im Verlauf einer Situation durch Interaktion in der Regel erst herzustellen, da meist unterschiedliche Vorstellungen von Fachkraft und Kind darüber existieren, was in der Situation passieren soll, oder die gemeinsame Vorstellung noch zu ungenau ist und der präziseren Aushandlung bedarf. Einfacher ist es, wenn Fachkraft und Kind schon auf einen gemeinsamen Erfahrungshintergrund zurückblicken. Dies ist aber nicht immer der Fall, z. B. wenn das Kind neu in der Einrichtung ist. Dann sind Verständigung und Einigung umso bedeutsamer. Zentral ist also immer die Frage, inwiefern es Fachkraft und Kind gelingt, sich in ihrer Interaktion zu verständigen und einen Rahmen zu schaffen, in dem sich die Interaktion bewegen kann. Dabei ist auch bedeutsam, ob Fachkraft oder Kind die Interaktion initiieren bzw. lenken und inwiefern sie gleichberechtigt an der Interaktion teilnehmen (Nentwig-Gesemann & Nicolai, 2017).

Übung 1: Reflexion des Konzeptes responsiver Interaktionsgestaltung
Ziel: Anwendung des Konzeptes responsiver Interaktionsgestaltung auf die eigene Praxis
Material: –

9 Eine inklusive Perspektive auf responsive Interaktionsgestaltung

> **Auftrag 1:** Rufen Sie sich eine beispielhafte Situation in Erinnerung, in der Sie in Interaktion mit einem Kind waren, z. B. während des Freispiels. Denken Sie an das oben dargelegte Verständnis von Responsivität als Rahmenkongruenz. Versuchen Sie für sich folgende Fragen zu beantworten:
>
> 1. Hatten Sie den Eindruck, dass eine solche Kongruenz bzw. Übereinstimmung der Vorstellungen (der des Kindes und Ihrer eigenen) darüber besteht, worum es gerade geht oder gehen soll, z. B. was Sie spielen oder was Sie gemeinsam gestalten wollen?
> 2. Erinnern Sie sich an eine Phase, in der zunächst eine Aushandlung Ihrer Vorstellungen stattfand, z. B. am Anfang der Interaktion?
> 3. Falls Sie eine Rahmenkongruenz bzw. Übereinstimmung Ihrer Vorstellungen erreichen konnten: Blieb diese bis zum Ende der Interaktion erhalten oder gab es einen Hinweis auf einen Abbruch bzw. Ausstieg des Kindes oder Ihrerseits?
> 4. Woran lag es Ihrer Meinung nach, dass eine solche Rahmenkongruenz bzw. Übereinstimmung bestand bzw. erreicht wurde oder nicht? Was waren Ihre Beiträge zur Interaktion, was die des Kindes? Wie wurde auf die jeweiligen Beiträge zur Interaktion eingegangen?

9.2.2 Inklusion

Dem Kapitel liegt ein weites Inklusionsverständnis zugrunde, und zwar als »Minimierung von Diskriminierung und Maximierung der sozialen Teilhabe aller Kinder und Jugendlichen« (Werning, 2014, S. 603). Anders als ein enges Inklusionsverständnis, das sich auf Behinderung allein konzentriert, bezieht es sich auf alle Kinder, die je nach sozialem Kontext und Betrachtungsweise aufgrund eines Merkmals von Exklusion betroffen sein können. Ein

9.2 Zentrale Konzepte

weiter Inklusionsbegriff reicht über die oben genannten Merkmale hinaus. Er stellt die Minimierung von Exklusionserfahrungen in den Mittelpunkt. Dabei sind alle Exklusionserfahrungen umfasst, die ein Kind aufgrund von Merkmalen erfährt oder erfahren könnte.

Im Elementarbereich ist die Überwindung eines engen Inklusionsverständnisses deshalb erschwert, da es sich hierbei, sozialrechtlich betrachtet, um ein integratives System handelt. Der sozialrechtliche Behinderungsbegriff der Eingliederungshilfe regelt auf institutioneller Ebene einen Zugang für Kinder mit Beeinträchtigungen durch eine selektive und statusorientierte Förderlogik (Autorengruppe Bildungsberichterstattung, 2014). Diese Organisation des Elementarbereichs folgt der »Zwei-Gruppen-Theorie« (Hinz, 2002, S. 7), wonach »zwischen Kindern mit Förder-, Migrations- und Risikostatus und sogenannten Kindern mit Normalentwicklung« (Cloos, 2019, S. 55) unterschieden wird.

Ein weites Inklusionsverständnis, das auf die Maximierung von Teilhabe zielt, formuliert einen anderen Anspruch an die Inklusion von Kindern. Es wird nicht nur gefragt, *wer* einbezogen werden soll, sondern auch, *wie* dies geschehen soll. Artiles et al. (2006) unterscheiden vier Ebenen der Inklusion, die erlauben, genauer nachzuvollziehen, auf welche Weise Kinder in der Kita inkludiert werden:

Zugang stellt die niedrigste Stufe dar, auf der Kinder inkludiert werden können. Für viele Kinder ist der Besuch einer wohnortsnahen Regeleinrichtung noch immer nicht selbstverständlich. Deutschlandweit besuchten im Jahr 2015 16 % der Kinder mit Eingliederungshilfe im Alter von drei bis sechs Jahren einen Förderkindergarten oder eine tendenziell separierende Kita, die vor allem Kinder mit Eingliederungshilfe betreut. Deutliche Schwankungen gibt es zwischen den Bundesländern. In Niedersachsen besuchten 46 % der Kinder von drei bis sechs Jahren eine Kita mit separierender Tendenz. Dagegen besuchten in Berlin 97 % der Kinder mit Eingliederungshilfe im selben Alter eine Einrichtung mit inkludierender Tendenz, also Einrichtungen, die Kinder mit Eingliederungshilfe zu einem Anteil von bis zu 50 % aufnehmen (vgl. Bertelsmann Stiftung, 2019).

Akzeptanz und *Partizipation* verweisen auf den Umgang mit Kindern und setzen den Zugang bereits voraus. Diese Ebenen sind für das vorliegende Kapitel zentral, da sie die Gestaltung von Beziehung und Interaktionen zwischen Fachkraft und Kind berühren, wobei es einerseits um einen akzeptierenden und wertschätzenden Umgang miteinander geht, andererseits darum, dem Kind im Rahmen der Interaktion Partizipationsmöglichkeiten zu eröffnen. Die Realisierung von Inklusion in diesem Sinne verweist auf eine Tiefenebene inklusiver pädagogischer Praxis (Corbett & Slee, 2000), auf der Werte frühpädagogischer Fachkräfte relevant werden. Petriwskyj (2010, S. 195) spricht hier auch von einem versteckten Curriculum (»hidden curriculum«), da es die Interaktionsgestaltung mit den Kindern zwar bestimmt, den Fachkräften selbst aber nur bedingt zugänglich ist.

Leistung ist ein Aspekt, der traditionell eher dem schulischen Kontext zugeschrieben wird. Doch die Entwicklungen u. a. seit der ersten PISA-Studie im Jahr 2001 (Baumert et al., 2001) führten auch zu einer stärkeren Fokussierung von Bildungsprozessen im Elementarbereich (Fthenakis et al., 2007; Reyer, 2015). Dieser Aspekt ist gesetzlich verankerter Bestandteil der Trias Erziehung, Bildung und Betreuung, die den Förderauftrag von Kitas beschreibt (§ 22 Abs. 3 SGB VIII). Es geht darum, bereits im Kindergarten Bildungsprozesse von Kindern zu unterstützen. Dabei ist, vor allem im Bereich der Sprachförderung, eine Entwicklung von additiven zu alltagsintegrierten Ansätzen der Unterstützung zu beobachten (Beckerle & Mackowiak, 2019), aber auch darüber hinaus in anderen Bildungsbereichen (Rothe et al., 2020).

Übung 2: Reflexion des Inklusionsverständnisses von Artiles et al. (2006)
Ziel: Anwendung der Dimensionen des Inklusionsverständnisses auf die eigene Praxis

> **Material:** –
> **Auftrag 1:** Versuchen Sie, sich jeweils eine beispielhafte Situation in Erinnerung zu rufen, die die oben genannten Dimensionen betrifft. Beispiele können aus ihrer frühpädagogischen Praxis oder aus ihrem privaten Umfeld stammen. Orientieren Sie sich an folgenden Fragen:
>
> - Welche Situation fällt Ihnen ein, in der der Zugang eines Kindes zu einer Regel-Kita erschwert war oder verhindert wurde?
> - Welche Situation fällt Ihnen ein, in der einem Kind Akzeptanz vorenthalten wurde (z. B. zwischen Kindern) und ggf. durch Bearbeitung hergestellt wurde (z. B. durch Eingreifen einer Fachkraft)?
> - Welche Situation fällt Ihnen ein, in der einem Kind Partizipation vorenthalten und ggf. schließlich ermöglicht wurde?
> - Welches Beispiel fällt Ihnen ein, in dem einem Kind die Beteiligung an einer Situation (zunächst) erschwert wurde, in der es in seinem Lern- und Entwicklungsprozess hätte profitieren können (Leistung)?

9.2.3 Inklusion – Responsivität – Diagnostischer und förderorientierter Modus

Das inklusive Potenzial responsiver Interaktionsgestaltung in der alltagsintegrierten Unterstützung lässt sich anhand der eingeführten drei *Dimensionen inklusiven Handelns* beleuchten.

Während im Zentrum responsiver Interaktionsgestaltung die Herstellung einer *Rahmenkongruenz* steht, das heißt die Entwicklung gemeinsamer Vorstellung davon, worum es in der Situation und damit auch in der Interaktion geht (▶ Kap. 9.2.1), können die Dimensionen inklusiven Handelns (▶ Kap. 9.2.2) den Blick dafür schärfen, wie das Anliegen und die Gestaltungsinitiativen des Kin-

9 Eine inklusive Perspektive auf responsive Interaktionsgestaltung

des aufgegriffen werden. Sie lenken den Fokus darauf, inwiefern der Perspektive des Kindes wertschätzend begegnet wird (*Akzeptanz*) und wie diese in der Interaktionsgestaltung Berücksichtigung findet (*Partizipation* und *Leistung*).

In der nachfolgenden Abbildung sind diese Aspekte und ihre Verbindung zueinander dargestellt (▶ Abb. 9.1).

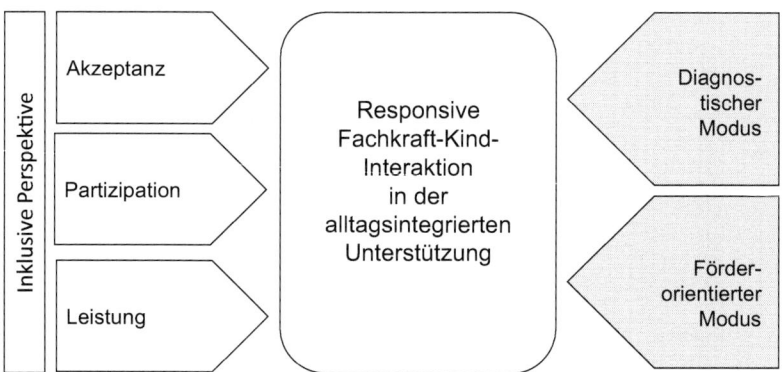

Abb. 9.1: Konkretisierung einer inklusiven Perspektive auf den Gegenstand der responsiven Fachkraft-Kind-Interaktion im Kontext alltagsintegrierter Unterstützung (eigene Darstellung)

Hinzu kommt die Unterscheidung eines diagnostischen und förderorientierten Modus: Für die Auseinandersetzung mit den beiden Aspekten der Inklusion und Responsivität wird in diesem Kapitel zudem auf eine diagnostische und förderorientierte Perspektive Bezug genommen. Diese begleitet die Perspektive der Fachkraft während der Interaktionsgestaltung mit dem Kind in einem engen Wechselspiel (implizit oder explizit) kontinuierlich.

Responsive Interaktionsgestaltung findet auf einer Mikroebene des Handelns statt. Dabei geht es einerseits um eine Identifikation des Anliegens und der Gestaltungsinitiativen des Kindes. Dieser Schritt des frühpädagogischen Handelns lässt sich einem eher *diagnostischen Modus* zuordnen. Diagnostik wird verstanden als »alle

Tätigkeiten, durch die bei Individuen [...] Voraussetzungen und Bedingungen planmäßiger Lehr- und Lernprozesse ermittelt, Lernprozesse analysiert und Lernergebnisse festgestellt werden« (Ingenkamp, 1999, S. 496). Vor diesem Hintergrund bezieht sich der hier gewählte Begriff des *diagnostischen Modus* auf das frühpädagogische Handeln, und zwar die Identifikation des individuellen Entwicklungsstandes, der Bedürfnisse und Interessen des Kindes. Diese zeigen sich im Rahmen einer spezifischen Situation im Kita-Alltag, in der die Fachkraft mit dem Kind in Interaktion ist, in den konkreten situativen Anliegen und Gestaltungsinitiativen des Kindes.

Alle daraus folgenden Überlegungen der Fachkraft, wie sie diese situationsspezifischen Anliegen und Gestaltungsinitiativen des Kindes aufgreifen kann, lassen sich einem eher *förderorientierten Modus* unterordnen: Eng mit dem Verständnis von Diagnostik ist der hier verwendete Begriff des förderorientierten Modus verbunden. Er bezieht sich ebenfalls auf das frühpädagogische Handeln, in diesem Fall auf Momente der Unterstützung, die sich aus dem vorangegangenen diagnostischen Modus ableiten. Dabei ist nochmals hervorzuheben, dass insbesondere im Rahmen der alltagsintegrierten Unterstützung Momente der Diagnostik und Momente der Unterstützung sehr eng miteinander verknüpft sind, was bedeutet, dass sie zirkulär ineinandergreifen und auf Momente der Unterstützung wieder Momente der Diagnostik angeschlossen sein können.

9.3 Möglichkeiten der Umsetzung im Kita-Alltag

9.3.1 Inklusive Potenziale responsiver Interaktionsgestaltung anhand eines Fallbeispiels

In diesem Kapitel wird auf die eingangs eingeführte Frage eingegangen: Welche Potenziale bieten responsive Fachkraft-Kind-Interaktionen im Kontext alltagsintegrierter Unterstützung aus einer inklusiven Perspektive? Dabei wird ein Fallbeispiel einer Fachkraft-Kind-Interaktion aus dem KiTa-Alltag vorgestellt, das im Rahmen des Forschungsprojektes »Alltagsintegrierte Unterstützung kindlicher Bildungsprozesse in inklusiven Kindertageseinrichtungen« (KoAkiK)[1] entstanden ist.

Die Verbindung einer inklusiven Perspektive im Sinne eines weiten Inklusionsverständnisses mit responsiver Interaktionsgestaltung bedeutet, einerseits eine Rahmenkongruenz der Perspektiven herzustellen und andererseits, im Sinne einer inklusiven Perspektive, die Anliegen und Gestaltungsinitiativen des Kindes anzuerkennen und aufzugreifen.

Dabei sind insbesondere in Situationen alltagsintegrierter Unterstützung detaillierte Informationen über den Hintergrund des Kindes und seine individuelle Lernentwicklung für Fachkräfte häufig (zunächst) begrenzt – ähnlich wie für den*die Leser*in in diesem Fallbeispiel. Somit stellen solche alltagsintegrierten Anlässe responsiver Interaktionsgestaltung selbst Situationen dar, in der diagnostische Informationen zunächst erst noch gewonnen werden müssen.

---

1 Verbundprojekt »Alltagsintegrierte Unterstützung kindlicher Bildungsprozesse in inklusiven Kindertageseinrichtungen« (KoAkiK) und »Nachhaltige Implementation und differenzielle Wirksamkeit des Weiterqualifizierungskonzepts KoAkiK« (KoAkiK II) der Leibniz Universität Hannover und der Medizinischen Hochschule Hannover, gefördert vom Niedersächsischen Ministerium für Wissenschaft und Kultur (Gesamtlaufzeit: 2017-2021). Beteiligte Arbeitsgruppen: Prof. Dr. Mackowiak, Dr. Wadepohl, Mai, Bethke, Johannsen, Keller, Linck; Prof. Dr. Werning, Dr. Lichtblau, Dr. Rothe, Disep; Prof. Dr. Schomaker, Hormann; Prof. Dr. Walter, Kula, Feesche, Heinze. https://www.ifs.phil.uni-hannover.de/koakik.html.

Material 1: Fallbeispiel. Adal[2] möchte eine Lego-Figur in ein Lego-Fahrzeug setzen[3]
Fachkraft [Fk] Anke Kaspar und Adal haben zusammen ein Pizza-Fahrzeug aus Lego-Steinen gebaut. Adal setzt Bausteine als Dach auf das Fahrzeug. Kurz betrachten beide das Fahrzeug. Dann entfernt Adal den letzten Baustein wieder.
Adal: »Aber erst muss ich den Menschen [hinein]packen.« Er nimmt die Lego-Figur und setzt sie in die entstandene Lücke.
Die Fk beobachtet seine Handlung. [...]
Adal beginnt, Bausteine zu entfernen und probiert erneut, die Lego-Figur in das Fahrzeug zu setzen.
Fk: »Ah, ich glaub, der passt da nich rein.«
Fk hebt das Fahrzeug hoch, dreht es herum, stellt es in einem anderen Winkel wieder hin und zeigt mit einem Finger auf die Figur, »Schau mal hier. Wie breit der is ... hier oben. Siehst du das? Kannst du das sehen, Adal?«
Adal: Hm.
Fk: »Nimm den noch mal raus, nimm den noch mal bitte raus?« Sie nimmt die Figur in die Hand. »Und jetzt versuch den mal.«
Adal hat den hinteren Teil des Fahrzeugs abgemacht und nimmt ihr die Figur aus der Hand. Weil sie sie festhält, wendet er ein wenig Kraft an, um sie aus ihren Fingern zu entfernen. Schließlich stellt er fest, »Das geht nicht so richtig.«
Die Fk zieht ihm die Figur aus der Hand, er lässt sie nicht ohne weiteres los, »Nee, ich möchte dir etwas zeigen. Versuch den mal hier reinzuschieben. Ob das überhaupt geht.« Die Fk schiebt die Figur liegend in das Fahrzeug.
Adal: »Reinzuschieben?« Er beugt sich über das Fahrzeug und beobachtet ihre Handlung.

---

2 Alle Namen wurden durch Pseudonyme ersetzt.
3 Für die bessere Lesbarkeit wird die auf der Basis von Audioaufnahmen verschriftlichte Interaktion vereinfacht dargestellt.

Fk: »Geht das? Schau mal.« Sie stößt die Figur mehrfach leicht in das Fahrzeug, die sich nicht hineinschieben lässt. Er nimmt das Fahrzeug. Sie hält ihm die Figur hin und schaut ihn an, »Hast du das gesehen?«
Er nimmt ihr die Figur aus der Hand und führt sie zum Fahrzeug.
Fk: »Passt die da rein? Oder ist der zu breit.«
Adal versucht nun insgesamt knapp 30 Sekunden, die Figur in das Fahrzeug zu stecken. Die Fk beobachtet sein Handeln. Er nimmt die Figur zwischendurch kurz raus, macht sie gerade und versucht es erneut.
Adal: »Geht nicht.«
Fk: »Das geht nicht.«
Adal beginnt das Fahrzeug noch weiter zu zerlegen, »Dann machen wir ein bisschen so.« Er beginnt zu summen.
Fk: »Jetzt hast du es ganz auseinandergenommen. Adal, ich glaub, der brauch erstmal n Sitz.
Adal: (zustimmend) »Hm.«
Fk: (bestätigend) »Hm.«
Die Fk und dann Adal wenden sich den herumliegenden Bausteinen zu.
Fk (auf die Bausteine blickend): Such doch mal n Sitz.«
Er holt einen Sitz aus einem Lego-Haus, das neben den Bausteinen steht. Sie hält ihm einen Teil des Fahrzeugs hin und er befestigt den Sitz darauf. Der Sitz ist befestigt. (Anschließend beginnt der Wiederaufbau des Fahrzeugs.)

Übung 2: Beschreibung und Reflexion des inklusiven Handelns
Ziel: Beschreibung und Reflexion der Situation
Material: –
Auftrag 1: Beschreiben Sie in eigenen Worten, was in der Situation passiert, und reflektieren Sie anhand der folgenden Fragen:

- Welche Anliegen und Gestaltungsinitiativen des Kindes sind beobachtbar und wie werden sie zum Ausdruck gebracht?
- Wie wird mit Anliegen und Initiativen durch die Fachkraft umgegangen?
- Handelt es sich um eine responsive Interaktionsgestaltung? Das heißt, wird eine Rahmenkongruenz im Sinne der Entwicklung einer gemeinsamen Vorstellung über die Situation hergestellt?

Auftrag 2: Reflektieren Sie anschließend:

- Wie wird Interaktionsgestaltung aus inklusiver Perspektive zwischen Fachkraft und Kind im Hinblick auf die Aspekte *Akzeptanz* und *Partizipation* realisiert?
- Welche Bedeutung kommt hier der Akzeptanz der Perspektive des Kindes zu und worin kommt das zum Ausdruck?
- Welche Möglichkeiten der Partizipation ergeben sich für das Kind?

Analyse

Fachkraft und Kind haben sich bereits auf das gemeinsame Thema verständigt, ein (Pizza-)Auto zu bauen. Darin ist ein erster Hinweis auf eine *Rahmenkongruenz* zu sehen, das heißt auf eine übereinstimmende Vorstellung von Kind und Fachkraft davon, worum es in der Situation geht. Diese muss sich im weiteren Verlauf der Interaktion jedoch noch konkretisieren.

Zu Beginn dieses Ausschnitts deutet sich ein Anliegen Adals in der gemeinsamen (Interaktions-)Situation an, als er erstens feststellt, dass das Auto noch nicht fertig ist, da die Figur fehlt (»Aber erst muss ich den Menschen [hinein]packen?«), und zweitens beabsichtigt, dies zu ändern. Die Fachkraft nimmt zunächst eine beobachtende Rolle ein (diagnostischer Modus).

Erst im weiteren Verlauf, als sich ein Problem in der Realisierung seines Anliegens zeigt (die Figur passt nicht in das Auto), verändert die Fachkraft ihre Form der Beteiligung an der Situation. Sie wechselt nun in eine aktivere Rolle der Unterstützung (förderorientierter Modus), indem sie eine Vermutung bezüglich der Ursache des Problems aufstellt (»Ich glaub, der passt da nich rein«). In diesem ersten verbalen Eingriff der Fachkraft deutet sich indirekt an, dass sie sich ein Bild vom Anliegen Adals gemacht hat (diagnostischer Modus) und beabsichtigt, ihn bei dessen Realisierung zu unterstützen (förderorientierter Modus).

Der förderorientierte Modus, also die Unterstützung, die sie aus dem beobachteten Anliegen Adals ableitet, konkretisiert sich in Form eines verbalen Hinweises auf die Ursache des Problems. Ihr Hinweis zielt auf eine Strukturierung seines Umgangs mit dem Problem, indem erst die Ursache des Problems exploriert wird, die dann gezielt bearbeitet werden kann. Anschließend versucht sie verbal und nonverbal (durch Zeigen auf die Figur), die Situation für Adal zu strukturieren. Sie beabsichtigt damit, seine Aufmerksamkeit auf die Ursache des Problems zu lenken (»schau mal hier«, »siehst du das?«, »Kannst du das sehen?«, sowie inhaltlich: »wie breit der is«).

In diesem Moment der Interaktion ist die *Rahmenkongruenz* im Sinne einer gemeinsamen Vorstellung von der Situation prekär. Zwar sind sich Fachkraft und Kind einig darüber, worum es in der Situation gehen soll. Doch zeigen sich hier unterschiedliche Umgangsweisen von Adal und der Fachkraft mit dem Problem, dass die Figur nicht in das Auto passt. Hieraus ergibt sich eine sensible Situation in Bezug auf die Frage der Akzeptanz und Partizipation der Perspektive von Adal. Während die Fachkraft in ihrem förderorientierten Modus auf die Ursachenforschung fokussiert ist und auch versucht, seine Aufmerksamkeit dafür zu gewinnen, verfolgt er eine eigene Strategie von ›Versuch und Irrtum‹, das heißt statt sich auf die Ursachen zu konzentrieren, verschiedene Möglichkeiten zur Lösung für das Problem auszuprobieren.

> **Kasten 9.1: Akzeptanz**
> Während die Fachkraft in dem ersten Teil des Ausschnitts der Situation zunächst in einer defensiven, abwartenden, beobachtenden Rolle verbleibt, wechselt sie anschließend in eine aktive Rolle. Es deutet sich an, dass sie die Perspektive des Kindes zunächst beobachtet hat und das Anliegen des Kindes erkennt (diagnostischer Modus), das sie übernimmt und versucht, ihn darin zu unterstützen (förderorientierter Modus). Sie verfolgt das Ziel des Kindes, die Figur in das Lego-Auto zu setzen. Damit wird deutlich, dass sie dem situativen Anliegen des Kindes grundsätzlich Akzeptanz entgegenbringt.
>
> Ihre Vorstellung von Unterstützung und seine Vorstellung davon, das Problem zu lösen, scheinen hier zunächst jedoch nicht übereinzustimmen. Deshalb geht es mit Blick auf den Aspekt der Akzeptanz im zweiten Teil dieses Ausschnitts um die sensible Frage, ob sie bei ihrer Strategie bleibt, ihn zu unterstützen (förderorientierte Modus), indem sie versucht, ihn davon zu überzeugen, oder ob sie sich auf seinen selbstständigen Lösungsversuch einlässt und seiner Perspektive damit Akzeptanz entgegenbringt.

Im weiteren Situationsverlauf leitet sie erneut einen Lösungsvorschlag für das Problem ein (förderorientierter Modus), »Nimm den noch mal raus, nimm den noch mal bitte raus«. Zudem greift sie nonverbal ein (sie nimmt die Figur in die Hand) und konkretisiert ihre Hinweise (»Und jetzt versuch den mal«).

Dennoch führen ihre Interventionen nicht zu einer Unterbrechung der Handlung Adals, der weiterhin an seiner Strategie festhält. Als Reaktion auf die Beharrlichkeit Adals lässt sie ihn gewähren und kehrt in einen defensiven und beobachtenden Modus zurück (diagnostischer Modus).

> **Kasten 9.2: Partizipation**
> Eng mit dem Aspekt der Akzeptanz ist der Aspekt der Partizipation verbunden: Wie herausgestellt, bevorzugen Fachkraft und Kind jeweils unterschiedliche Strategien. Hieraus ergibt sich auch eine sensible Situation in Bezug auf die Frage der Partizipation der Perspektive von Adal.
> Die Fachkraft versucht auf verschiedenen Wegen auf seine Gestaltungsinitiativen einzuwirken, sie zu begrenzen und auf ihre bevorzugte Strategie umzulenken (im Rahmen eines förderorientierten Modus). Dennoch überschreitet die Fachkraft ein gewisses Maß des Eingriffs nicht. Schließlich wechselt sie den Modus und kehrt zunächst in eine beobachtende und abwartende Haltung zurück (diagnostischer Modus).
> Nicht zuletzt trägt Adal selbst durch die gezeigte Beharrlichkeit beim Verfolgen seiner Strategie dazu bei, seine Partizipation in der Situation zu sichern und damit den Raum, die Tragfähigkeit seiner Strategie zu explorieren.

Kurz darauf kommt er zu der Erkenntnis, dass er mit seiner eigenen Strategie nicht weiterkommt (»Das geht nicht so richtig«). Diese Unterbrechung und Markierung, dass er nicht weiterweiß, nimmt die Fachkraft zum Anlass, ihm erneut ihre Unterstützung anzubieten (Wechsel vom diagnostischen in einen förderorientierten Modus). Dieser Zeitpunkt scheint passender dafür, da er nun selbst den Wunsch bzw. die Bereitschaft für Unterstützung signalisiert. In der erreichten Passung der Bereitschaft zu unterstützen einerseits (förderorientierter Modus) und der Bereitschaft diese Unterstützung anzunehmen andererseits kommt die hergestellte *Rahmenkongruenz* der Interaktion zum Ausdruck.

Die Unterstützung bietet sie zwar mit mehr Nachdruck an; so nimmt sie ihm mit etwas mehr Kraftanwendung die Figur aus der Hand. Jedoch betont sie den Angebotscharakter ihrer Unterstützung (»ich möchte dir etwas zeigen«). Die Betonung des letzten

Wortes macht dabei deutlich, dass es sich um nicht mehr als einen Vorschlag handelt.

Dann schlägt sie ihm als Test vor, die Figur in das Fahrzeug zu schieben, um das Verhältnis der Breite der Figur und des Fahrzeugs zu überprüfen (Fortsetzung förderorientierter Modus), was sich in der Aussage dokumentiert, »ob das überhaupt geht«. Adal zeigt nun, da er mit seiner Strategie an seine Grenzen gekommen ist – sprachlich (»reinzuschieben?«) sowie nonverbal –, Interesse an ihrem Ansatz (beugt sich über das Fahrzeug und beobachtet ihre Handlung).

Erneut versucht sie seine Aufmerksamkeit zu lenken und damit sein Vorgehen bei der Ursachenforschung zu systematisieren (Fortsetzung förderorientierter Modus) (»schau mal«, »hast du das gesehen?«). Des Weiteren strukturiert sie seine Beobachtung durch Fragen (»geht das?«, »Passt die da rein?«), wobei sie ihre Vermutung erneut als Interpretation in den Raum stellt (»Oder ist der zu breit«).

Adal übernimmt auch diesmal die Anregung direkt, die Figur in das Fahrzeug zu schieben, ist aber noch nicht an dem Punkt der Problemanalyse angelangt, zu dem ihn die Fachkraft durch ihr Einwirken führen will. Insgesamt verwendet er etwa dreißig Sekunden auf den Versuch, die Figur in das Fahrzeug zu schieben, dann gelangt er selbst zu der Erkenntnis »geht nicht«. Zu diesem Zeitpunkt der responsiven Interaktion haben sich beide Interaktionspartner*innen insofern aufeinander eingestellt, als sie sowohl eigene Gestaltungsinitiativen einbringen als auch die des Anderen anerkennen. Die Fachkraft bietet ihre Unterstützung an, orientiert sich dabei aber an der Bereitschaft von Adal, diese anzunehmen (Wechsel zwischen diagnostischem und förderorientiertem Modus). Dies ist ein Hinweis darauf, dass die bereits hergestellte Rahmenkongruenz bestehen bleibt.

> **Kasten 9.3: Leistung**
> Bereits zuvor zielte ihre Strategie der Unterstützung darauf, Adals Lern- und Entwicklungsprozess anzuregen. Erst als Adal mit seiner Strategie nicht mehr weiterkommt und dies auch sprachlich anzeigt, interveniert die Fachkraft erneut (förderorientierter Modus). Ihre Anregung bezieht sich auf die Dimension der Leistung: Ausgehend von seinem ganz konkreten situativen Anliegen (die Figur in das Lego-Auto zu setzen), zielt ihre Unterstützung auf eine Systematisierung des Umgangs mit dem Problem (die Figur passt nicht hinein) und damit auf eine Anregung metakognitiver Prozesse.

Auf dieser Erkenntnisgrundlage setzt er die Suche nach der Lösung für das Problem fort und trägt weitere Bausteine ab (mit diagnostischem Modus der Fachkraft). Statt an ihrer ursprünglichen Strategie festzuhalten, bezieht sich der erneute Gestaltungsversuch der Fachkraft auf die fortgeschrittene Situation (förderorientierter Modus). Das Auto ist nun fast vollständig zerlegt. Darauf bezogen zielt ihre Anregung darauf, mit welchem Bestandteil des Fahrzeugs er den Wiederaufbau beginnen könnte, worauf sich Adal auch einlässt.

> **Kasten 9.4: Das inklusive Potenzial einer responsiven Interaktionsgestaltung**
> Beide, die Fachkraft und Adal, bringen ihre Gestaltungsinitiativen von Anfang an ein. Adals Perspektive wird gleich zu Beginn Akzeptanz entgegengebracht. Dies zeigt sich einerseits in der längeren Phase der Zurückhaltung und Beobachtung der Fachkraft, in der sie das Anliegen von Adal zunächst zu erkennen versucht, sowie schließlich auch darin, dass die Fachkraft sich gleich zu Beginn auf das von ihm verfolgte Thema (Lego-Auto) einlässt.

Während dies zunächst auf eine Rahmenkongruenz der Perspektiven hindeutet, da beide bezüglich des Themas der Situation übereinstimmen, divergieren die Perspektiven im weiteren Verlauf zunächst. Trotz der Akzeptanz seiner Perspektive kann im Zuge der Konkretisierung eine Rahmenkongruenz zunächst nicht hergestellt werden. Beide sind sich uneinig, welche Herangehensweise an das bestehende Problem gewählt werden sollte (förderorientierter Modus auf Seiten der Fachkraft).

Zunächst hält die Fachkraft an dem förderorientierten Modus fest, indem sie versucht, ihn anzuregen, das Problem durch ihren Zugang zu bearbeiten. Dadurch werden die Partizipationsmöglichkeiten von Adal vorübergehend begrenzt. Die Beharrlichkeit des Kindes, mit der er den Gestaltungsinitiativen der Fachkraft seine eigenen kontinuierlich gegenüberstellt, und die Bereitschaft der Fachkraft, zwischen einem diagnostischen und förderorientierten Modus flexibel zu wechseln, unterstützt, dass Fachkraft und Kind schließlich eine tragfähige Ebene der Verständigung und damit eine gemeinsame Vorstellung über Situation und Interaktion erarbeiten (Rahmenkongruenz). So signalisiert Adal schließlich den Wunsch nach Unterstützung, woraufhin die Fachkraft ihre Unterstützung diesmal für ihn passender anbieten kann. Dabei zielt sie darauf ab, anknüpfend an seinen individuellen sowie situativen Bedürfnissen und Interessen, ihn bei der systematischen Bearbeitung seines Problems zu unterstützen und damit metakognitive Prozesse anzuregen (Leistung).

9.3.2 Reflexion der inklusiven Potenziale in der eigenen Praxis responsiver Interaktionsgestaltung

Abschließend soll die folgende Übung der videogestützten Praxisreflexion eine Einladung sein, die Umsetzung einer responsiven Interaktionsgestaltung in der eigenen Praxis auszuprobieren und aus einer inklusiven Perspektive heraus zu reflektieren.

Anregend kann es sein, diese Übung zu erweitern, indem die videogestützte Praxisreflexion gemeinsam mit einem*einer Kolleg*in oder mit dem Team als Form einer kollegialen Beratung durchgeführt wird (▶ Weiterführende Literaturtipps).

Eine wertschätzende Atmosphäre und eine ressourcenorientierte Form des Feedbacks sind dafür besonders wichtig. Hier können bspw. Feedback-Regeln weiterhelfen (▶ Weiterführende Literaturtipps); ebenso ist es wichtig, bei eigenen Einschätzungen auf eine genaue und wertfreie Beschreibung zu achten, ohne zunächst zu einer Bewertung der Situation als ›richtig‹ oder ›falsch‹, ›gut‹ oder ›schlecht‹, ›gelungen‹ oder ›misslungen‹ überzugehen. Es geht darum, genau zu erfassen, was in der Situation passiert, um Interaktionen mit Kindern im Kita-Alltag sowie die eigenen Anteile daran vertiefender zu verstehen und inklusive Potenziale noch besser nutzen zu können.

Übung 3: Reflexion der Interaktionsgestaltung in der eigenen Praxis
Ziel: Die Übung dient dazu, die eigene Praxis zu reflektieren, insbesondere im Hinblick darauf, inwiefern Anliegen und Initiativen des Kindes in Bezug auf die Ausgestaltung der Interaktion wahrgenommen, wertgeschätzt und berücksichtigt werden.
Material: Videokamera
Auftrag: Filmen Sie oder lassen Sie eine Situation filmen, in der Sie mit einem Kind interagieren (z. B. im Praktikum). Achten Sie darauf, dass es sich um eine alltagsintegrierte Situation handelt (z. B. in einer Freispielphase). Wichtig ist, dass Sie eine abgeschlossene Interaktion erfassen, die mit einem Anliegen des Kindes oder mit einem Anliegen, das Sie dem Kind näherbringen möchten, beginnt und ein natürliches Ende findet. Nehmen Sie sich Zeit, um sich die videografierte Interaktionssituation genau anzuschauen.

9.3 Möglichkeiten der Umsetzung im Kita-Alltag

Wählen Sie anschließend einen fünf- bis zehnminütigen Ausschnitt aus (am besten vom Beginn der Situation). Schreiben Sie auf, was jede/r von Ihnen während der Situation sagt oder tut. Die Verschriftlichung führt automatisch zu einer Verlangsamung der Situation und unterstützt eine differenzierte Selbstreflexion.

Auswertung: Reflektieren Sie folgende Fragen:

- Wer bringt welches Anliegen und welche Gestaltungsinitiativen ein und wie werden diese berücksichtigt?
- Inwiefern ist die gestaltete Interaktionssituation zwischen Ihnen und dem Kind inklusiv, im Hinblick auf die Aspekte *Akzeptanz*, *Partizipation* und *Leistung*?
  1. Akzeptanz: Inwiefern nehmen Sie das Anliegen des Kindes wahr? Inwiefern bringen Sie den Gestaltungsinitiativen des Kindes Wertschätzung entgegen?
  2. Partizipation: Inwiefern tragen die Gestaltungsinitiativen des Kindes tatsächlich zur Gestaltung der Interaktionssituation bei? Inwiefern gelingt es Ihnen, das Kind dazu zu ermutigen, mehr Verantwortung für die Ausgestaltung der Situation zu übernehmen?
  3. Leistung: Inwiefern kann das Kind Leistungspotenziale entfalten? Leistung kann sich dabei auf ganz verschiedene Lernbereiche beziehen (auch auf den sozial-emotionalen Bereich, den motorischen Bereich etc.). Traut es sich z. B. etwas zu, bei dem Sie es unterstützen konnten?

Weiterführende Literaturtipps
Interaktionen mit Kindern initiieren und gestalten:
> Hildebrandt, F. & Dreier, A. (2014). Was wäre, wenn...? Fragen, nachdenken und spekulieren im Kita-Alltag. Weimar: Verlag das Netz.

> Für gemeinsame Praxisreflexion mit Kolleg*innen:
> Kleiner-Wuttke, M. (2017). Kollegiale Beratung in Kindertagesstätten: Als Team gemeinsam durch Klärung zu Lösungen finden. Weinheim: Beltz Juventa.
> Redaktionsteam Verlag an der Ruhr (2013). »Mir hat gut gefallen, dass ...«: 88 Impulskarten für gezielte und begründete Reflexionen. Mühlheim an der Ruhr: Verlag an der Ruhr.

Literatur

Ainsworth, M. S. (2015). Patterns of attachment: a psychological study of the strange situation. New York: Routledge.

Artiles, A. J., Kozleski, E. B., Dorn, S. & Christensen, C. (2006). Learning in inclusive education research: Re-mediating theory and methods with a transformative agenda. Review of Research in Education, 30(1), 65–108.

Autorengruppe Bildungsberichterstattung (2014). Bildung in Deutschland 2014: Ein indikatorengestützter Bericht mit einer Analyse zur Bildung von Menschen mit Behinderungen. Bielefeld: Bertelsmann. Verfügbar unter: https://www.bildungsbericht.de/de/bildungsberichte-seit-2006/bildungsbericht-2014/pdf-bildungsbericht-2014/bb-2014.pdf.

Baumert, J., Klieme, E., Neubrand, M., Prenzel, M., Schiefele, U. & Schneider, W. et al. (2001). PISA 2000. Basiskompetenzen von Schülerinnen und Schülern im internationalen Vergleich. Wiesbaden: Verlag für Sozialwissenschaften.

Beckerle, C. & Mackowiak, K. (2019). Adaptivität von Sprachförderung im Kita-Alltag – Ein Vergleich des Sprachförderhandelns pädagogischer Fachkräfte bei Kindern mit Deutsch als Erst- und Zweitsprache und unterschiedlichen Sprachkompetenzen. Lernen und Lernstörungen, 8(4), 1–9.

Bertelsmann Stiftung (2015). Kinder mit Eingliederungshilfe in KiTas nach Betreuungsform. Ländermonitor. Verfügbar unter: https://www.laendermonitor.de/de/vergleich-bundeslaender-daten/kinder-und-eltern/inklusion/kinder-mit-eingliederungshilfe-in-kitas-nach-betreuungsform?tx_itaohyperion_pluginview%5Baction%5D=chart&tx_itaohyperion_pluginview%5Bcontroller%5D=PluginView&cHash=1148067f14ba785abd922ceb964068e3.

Bohnsack, R. (2014). Rekonstruktive Sozialforschung. Einführung in qualitative Methoden (9. Aufl.). Opladen: Budrich.

Cloos, P. (2019). Professionalisierung für eine inklusive Bildung, Erziehung und Betreuung in Kindertageseinrichtungen. Forschungsperspektiven und Forschungsstand. In Niedersächsisches Institut für frühkindliche Bildung und Entwicklung (Hrsg.), Inklusive Haltung und Beziehungsgestaltung. Kompetenter Umgang mit Vielfalt in der KiTa (S. 53–63). Freiburg: Herder.

Corbett, J. & Slee, R. (2000). An international conversation on inclusive education. In F. Armstrong, D. Armstrong & L. Barton (Eds.), Inclusive education: Policy, contexts and comparative perspectives (pp. 133–146). London: David Fulton.

Fthenakis, W. E., Gisbert, K., Griebel, W., Kunze, H. R., Niesel, R. & Wustmann, C. (2007). Auf den Anfang kommt es an. Perspektiven für eine Neuorientierung frühkindlicher Bildung, Bildungsforschung (Bd. 16). Berlin: Bundesministerium für Bildung und Forschung.

Hinz, A. (2002). Von der Integration zur Inklusion – terminologisches Spiel oder konzeptionelle Weiterentwicklung? Zeitschrift für Heilpädagogik, 53 (9), 354–361.

Ingenkamp, K. (1999). Pädagogische Diagnostik. In R. S. Jäger, R.S. (Hrsg.), Psychologische Diagnostik. Ein Lehrbuch (S. 495–510). München: Psychologie Verlags Union.

Nentwig-Gesemann, I. & Nicolai, K. (2017). Interaktive Abstimmung in Esssituationen – Videobasierte Dokumentarische Interaktionsanalyse in der Krippe. In H. Wadepohl, K. Mackowiak, K. Fröhlich-Gildhoff & D. Weltzien (Hrsg.), Interaktionsgestaltung in Familie und Kindertagesbetreuung (S. 53–82). Wiesbaden: Springer.

Petriwskyj, A. (2010). Diversity and inclusion in the early years. International Journal of Inclusive Education, 14(2), 195–212.

Reyer, J. (2015). Die Bildungsaufträge des Kindergartens. Geschichte und aktueller Status. Weinheim: Beltz Juventa.

Rothe, A., Disep, L., Lichtblau, M. & Werning, R. (2020). Child at risk? Interaction at risk? Eine mikroanalytische Rekonstruktion von Teilhabeprozessen in Fachkraft-Kind-Interaktionen im Zusammenhang mit alltagsintegrierter Unterstützung. Frühe Bildung, 9(4), 184–192.

Werning, R. (2014). Stichwort: Schulische Inklusion. Zeitschrift für Erziehungswissenschaft, 17(4), 601–623.

Zusatzmaterial

Zu diesem Titel sind online elektronische Zusatzmaterialien[1] verfügbar, die Sie unter folgendem Link kostenfrei herunterladen können: https://dl.kohlhammer.de/978-3-17-034274-3.

---

1 Wichtiger urheberrechtlicher Hinweis: Alle zusätzlichen Materialien, die im Download-Bereich zur Verfügung gestellt werden, sind urheberrechtlich geschützt. Ihre Verwendung ist nur zum persönlichen und nichtgewerblichen Gebrauch erlaubt. Jede Verwendung außerhalb der engen Grenzen des Urheberrechts ist ohne Zustimmung des Verlags unzulässig und strafbar. Das gilt insbesondere für Vervielfältigungen, Übersetzungen, Mikroverfilmungen und für die Einspeicherung und Verarbeitung in elektronischen Systemen.

Autorenverzeichnis

Dr. Christine Beckerle ist wissenschaftliche Mitarbeiterin in der Abteilung Sonderpädagogische Psychologie des Instituts für Sonderpädagogik der Leibniz Universität Hannover. Ihr Forschungsschwerpunkt liegt auf der Qualität von alltagsintegrierter Sprachförderung in Kita und Grundschule (u. a. adaptive alltagsintegrierte Sprachförderung, Sprachförderkompetenz von Pädagog*innen, Evaluation von Weiterqualifizierungen).

Kim Sophie Bernecker war wissenschaftliche Mitarbeiterin in der Abteilung Sonderpädagogische Psychologie des Instituts für Sonderpädagogik der Leibniz Universität Hannover und ist aktuell Referendarin für das Lehramt der Sonderpädagogik. Ihr Forschungsschwerpunk ist adaptive alltagsintegrierte Sprachförderung.

Cathleen Bethke ist wissenschaftliche Mitarbeiterin der Abteilung Sonderpädagogische Psychologie des Instituts für Sonderpädagogik der Leibniz Universität Hannover. Forschungsschwerpunkte sind die qualitative Inklusionsforschung sowie die Analyse der Qualität in (früh-)pädagogischen Institutionen (Fokus: Fachkraft-Kind-Interaktionen).

Susanne Böckmann ist wissenschaftliche Mitarbeiterin und promoviert im Forschungsprojekt »Zielkindbezogene Interaktionsqualität in Kindertageseinrichtungen« am Institut für Sonderpädagogik der Leibniz Universität Hannover.

Julia Feesche ist Bildungswissenschaftlerin und wissenschaftliche Mitarbeiterin an der Medizinischen Hochschule Hannover am Institut für Epidemiologie, Sozialmedizin und Gesundheitssystemforschung. Ihre Arbeits- und Forschungsschwerpunkte sind u. a. Prävention und Gesundheitsförderung bei Kindern mittels primär qualitativen Forschungsmethoden.

Nicole Heinze ist Gesundheitswissenschaftlerin mit Ernährungshintergrund und wissenschaftliche Mitarbeiterin an der Medizinischen Hochschule Hannover am Institut für Epidemiologie, Sozialmedizin und Gesundheitssystemforschung. Ihr Arbeits- und Forschungsschwerpunkt in der Prävention liegt im Bereich Kinder- und Frauengesundheit, teilweise mit Bezug zu Ernährung.

Kathrin Hormann ist Diplomhandelslehrerin/Berufs- und Wirtschaftspädagogin. Sie arbeitet als wissenschaftliche Mitarbeiterin in der Abteilung Sachunterricht und Inklusive Didaktik im Institut für Sonderpädagogik der Leibniz Universität Hannover. Ihre Arbeits- und Forschungsschwerpunkte sind u. a. Lernwerkstattarbeit, Interaktionsgestaltung in Kindertageseinrichtungen sowie qualitative Forschungsmethoden (u. a. Reflexive Grounded Theory, Qualitative Videoanalyse).

Theresa Johannsen ist wissenschaftliche Mitarbeiterin der Abteilung Sonderpädagogische Psychologie des Instituts für Sonderpädagogik der Leibniz Universität Hannover. Forschungsschwerpunkte sind die kindliche Sprachentwicklung (Erfassungsmöglichkeiten, Einflussfaktoren, Sprachentwicklungsstörungen) sowie die Analyse lernunterstützender Fachkraft-Kind-Interaktionen in der Kita.

Lisa Keller ist wissenschaftliche Mitarbeiterin der Abteilung Sonderpädagogische Psychologie des Instituts für Sonderpädagogik der Leibniz Universität Hannover. Forschungsschwerpunkte sind der kindliche Spracherwerb (Verlauf, Erfassungsmöglichkeiten und Einflussfaktoren) sowie Sprachentwicklungsstörungen und lernunterstützende Fachkraft-Kind-Interaktionen in der Kita.

Antje Kula ist wissenschaftliche Mitarbeiterin am Institut für Epidemiologie, Sozialmedizin und Gesundheitssystemforschung der Medizinischen Hochschule Hannover. Ihr Forschungsschwerpunkt liegt in der Prävention und Versorgung spezifischer Zielgruppen (u. a. Prävention von Übergewicht bei Kindern und Jugendlichen) sowie in der Evidenzbasierten Medizin und Health Technology Assessment (u. a. Systematische Reviews und Studienbewertung).

Dr. Michael Lichtblau ist wissenschaftlicher Mitarbeiter in der Abteilung Inklusive Schulentwicklung des Instituts für Sonderpädagogik der Leibniz Universität Hannover. Seine Forschungsschwerpunkte beziehen sich auf die Interessenentwicklung von Kindern, Inklusion in Kita und Schule, Transition Kita-Schule und Förderdiagnostik.

Stefani Linck ist wissenschaftliche Mitarbeiterin in der Abteilung Sonderpädagogische Psychologie des Instituts für Sonderpädagogik der Leibniz Universität Hannover sowie als akademische Sprachtherapeutin in einer Sprachtherapiepraxis tätig. Ihr Forschungsschwerpunkt liegt auf der Beobachtung und Erfassung kindlicher

Sprachentwicklung sowie auf der Erfassung des Zusammenhangs zwischen Sprechen und Denken im Elementarbereich.

Prof. Dr. Katja Mackowiak leitet die Abteilung Sonderpädagogische Psychologie des Instituts für Sonderpädagogik der Leibniz Universität Hannover. Forschungsschwerpunkte sind die Analyse und Gestaltung von Entwicklungs- und Bildungsprozessen im Elementarbereich sowie die Professionalisierung von pädagogischen Fachkräften in Kitas.

Matthias Mai ist wissenschaftlicher Mitarbeiter der Abteilung Sonderpädagogische Psychologie des Instituts für Sonderpädagogik der Leibniz Universität Hannover. Forschungsschwerpunkte sind Problemlösefähigkeiten und deren Erfassung (insbesondere in der frühen Kindheit), die Analyse von Interaktionen in der Kita und Inklusion und Bildungsforschung.

Dr. Antje Rothe ist Erziehungswissenschaftlerin und wissenschaftliche Mitarbeiterin am Institut für Sonderpädagogik, Abteilung Inklusive Schulentwicklung. Ihre Forschungsschwerpunkte sind Professionalität und Professionalisierung in der Frühpädagogik, Inklusion und Heterogenität im Elementar- und Primarbereich und Transition von der Kita in die Schule.

Prof. Dr. Claudia Schomaker ist Professorin für Sachunterricht und Inklusive Didaktik im Institut für Sonderpädagogik an der Leibniz Universität Hannover. Ihre Forschungsschwerpunkte umfassen die Gestaltung des Übergangs vom Elementar- in den Primarbereich aus der Perspektive des Sachlernens, Peer-Tutoring-Prozesse in altersübergreifenden Sachlernsituationen sowie der Anspruch von Inklusion an die Fachdidaktik Sachunterricht.

Dr. Heike Wadepohl ist akademische Rätin in der Abteilung Sonderpädagogische Psychologie des Instituts für Sonderpädagogik der Leibniz Universität Hannover und forscht u. a. zu Auswirkungen sowie zur Modellierung von (Interaktions-)Qualitätsaspekten in frühpädagogischen Institutionen und zur Professionalisierung des frühpädagogischen Personals.

Prof. Dr. Ulla Walter ist seit 2009 Direktorin des Instituts für Epidemiologie, Sozialmedizin und Gesundheitssystemforschung an der Medizinischen Hochschule Hannover. Sie leitete und leitet zahlreiche Projekte u. a. zur Konzeption und Evaluation (Effektivität, Effizienz) von Präventionsprogrammen und Versorgung, zur Evidenzbasierung, zu Qualitätsmanagement, Zugangswegen, Gesundheits- und Alterskonzepten von Professionellen, Steigerung der Inanspruchnahme präventiver Maßnahmen.